Kl**a**r|text 7

Materialien für Lehrerinnen und Lehrer
Nordrhein-Westfalen

Erarbeitet von:
Anja von Bothmer
Andrea Heinrichs
Heiko Judith
Rebekka Möller
Jelko Peters
Astrid Schöppner

westermann

Fördert individuell – passt zum Schulbuch

Optimal für den Einsatz im Unterricht mit KLARTEXT:
Stärken erkennen, Defizite ausgleichen. Online-
Lernstandsdiagnose und Auswertung auf Basis der
aktuellen Bildungsstandards.
Inkl. individuell zusammengestellter Fördermaterialien.

www.westermann.de/diagnose

Die kompletten Lösungen zum Schülerband **Klartext 7** erhalten
Sie kostenlos in einem separaten Heft unter der Bestellnummer
978-3-14-294177-6.

© 2010 Bildungshaus Schulbuchverlage
Westermann Schroedel Diesterweg Schöningh Winklers GmbH, Braunschweig
www.westermann.de

Das Werk und seine Teile sind urheberrechtlich geschützt. Jede Nutzung in anderen als den
gesetzlich zugelassenen Fällen bedarf der vorherigen schriftlichen Einwilligung des Verlages.
Hinweis zu § 52a UrhG: Weder das Werk noch seine Teile dürfen ohne eine solche Einwilligung
gescannt und in ein Netzwerk gestellt werden. Dies gilt auch für Intranets von Schulen und
sonstigen Bildungseinrichtungen.
Auf verschiedenen Seiten dieses Buches befinden sich Verweise (Links) auf Internet-Adressen.
Haftungshinweis: Trotz sorgfältiger inhaltlicher Kontrolle wird die Haftung für die Inhalte der
externen Seiten ausgeschlossen. Für den Inhalt dieser externen Seiten sind ausschließlich deren
Betreiber verantwortlich. Sollten Sie bei dem angegebenen Inhalt des Anbieters dieser Seite auf
kostenpflichtige, illegale oder anstößige Inhalte treffen, so bedauern wir dies ausdrücklich und
bitten Sie, uns umgehend per E-Mail davon in Kenntnis zu setzen, damit beim Nachdruck der
Verweis gelöscht wird.

Druck A^3 / Jahr 2013
Alle Drucke der Serie A sind im Unterricht parallel verwendbar.

Redaktion: Barbara Holzwarth, München
Herstellung: Andreas Losse
Illustrationen: Matthias Berghahn, Thomas Escher, Pe Grigo, Sabine Kranz, Klaus Müller,
  Jaroslaw Schwarzstein
Umschlaggestaltung: KLAXGESTALTUNG, Braunschweig
Satz: KCS GmbH, Buchholz/Hamburg
Druck und Bindung: westermann druck GmbH, Braunschweig

ISBN 978-3-14-**290177**-0

Klartext 7

I Basistexte und -materialien

5 KLARTEXT – Die Konzeption
14 Planungshilfe für den schuleigenen Lehrplan – Jahresplan
19 Diagnosebogen für die individuelle Lernstandsentwicklung

II Kopiervorlagen für Arbeitsblätter

Unsere Klasse im Netz (SB S. 8–17)

Zusatzmaterialien
21 Sich im Internet und beim Chatten schützen
23 Freundschaft im Schülernetzwerk – eine Fish-Bowl-Diskussion

Kummerkasten (SB S. 18–35)

Differenzierungsmaterialien
24 Wie stehst du zu dem Problem? – Zu einer Meinung kommen (I) (A)
25 Wie stehst du zu dem Problem? – Zu einer Meinung kommen (II) (A)
26 Für und gegen Markenkleidung – einen argumentierenden Brief schreiben (C)
28 Einen argumentierenden Brief überarbeiten (A)

Zusatzmaterialien
29 Argumente veranschaulichen – Gegenargumente entkräften

Klassenarbeit und Beurteilungsbogen
30 Eine Argumentation zu einem Sachverhalt verfassen

Für andere da sein (SB S. 36–53)

Differenzierungsmaterialien
32 Jugendfeuerwehr – Informationen auswerten (A)
33 Jugendfeuerwehr – Informationen auswerten (C)
34 Einen Broschürentext überarbeiten (A)

Zusatzmaterialien
35 Suchsel – Kennst du dich aus?
36 Im Blickpunkt: Lesen

Klassenarbeit und Beurteilungsbogen
38 Informationen ermitteln, vergleichen und bewerten

Eine Schulveranstaltung organisieren (S. 54–69)

Differenzierungsmaterialien
41 Eine Anfrage in Briefform bringen (C)
42 Eine Anfrage überarbeiten (A)

Zusatzmaterialien
43 Im Blickpunkt: Lesen

Klassenarbeit und Beurteilungsbogen
45 Eine Anfrage überarbeiten

Dem Täter auf der Spur (SB S. 70–81)

Differenzierungsmaterialien
47 Einen sachlichen Bericht überarbeiten (A)

Zusatzmaterialien
48 Im Blickpunkt: Lesen

Klassenarbeit und Beurteilungsbogen
50 Über Ereignisse berichten

Für immer Freunde? (SB S. 82–99)

Differenzierungsmaterialien
52 Zu Freunden stehen – Fragen zu einem Text beantworten (A)
53 Von Freunden lernen – eine Erzählung zusammenfassen (A)
54 Eine Textuntersuchung überarbeiten (A)

Zusatzmaterialien
55 Im Blickpunkt: Lesen

Klassenarbeit und Beurteilungsbogen
56 Einen Text untersuchen und bewerten

Willkommen im Camp (SB S. 100–115)

Differenzierungsmaterialien
59 Floßfahrt mit Schlauch – eine Vorgangsbeschreibung überarbeiten (A)

Zusatzmaterialien
60 Im Blickpunkt: Sprachen betrachten
61 Im Blickpunkt: Lesen

Klassenarbeit und Beurteilungsbogen
63 Einen Vorgang beschreiben

Inhaltsverzeichnis

Von den Mächten der Natur
(SB S. 116–135)

Differenzierungsmaterialien
65 Die Brücke am Tay –
   Kampf zwischen Natur und Technik (A)
66 Nis Randers –
   die Macht von Sturm und Meer (I) (A)
67 Nis Randers –
   die Macht von Sturm und Meer (II) (A)
68 Die Ache – eine trügerische Idylle (I) (A)
69 Die Ache – eine trügerische Idylle (II) (A)
71 Einen Tagebucheintrag überarbeiten (A)

Klassenarbeit und Beurteilungsbogen
72 Aus der Perspektive einer Figur schreiben

Krabat – vom Buch zum Film
(SB S. 136–153)

Zusatzmaterialien
75 Einen Filmausschnitt untersuchen
76 Eine Stellungnahme zu einem Film
   verfassen
77 Die Krabat-Sage

Das Geheimnis des Erfolgs
(SB S. 154–167)

Zusatzmaterialien
78 Wege zum Erfolg – Informationen sichten,
   auswerten und gliedern
81 Die Präsentation des Referats
   vorbereiten – Arbeitsplan
82 Referat-Bewertungsbogen

„Und noch zehn Minuten bis Buffalo"
(SB S. 168–179)

Zusatzmaterialien
83 Theodor Fontane: John Maynard

Sprache betrachten (SB S. 180–219)

Differenzierungsmaterialien
85 Pronomen stellen Bezüge her (A)
86 Verben, bei denen sich der Wortstamm
   ändert (A)
87 Vorzeitigkeit deutlich machen (A)
88 Aktiv – Passiv (I) (A)
89 Aktiv – Passiv (II) (A)
90 Mit Adverbien genauere Angaben
   machen (A)
91 Hauptsätze verknüpfen –
   Satzreihen bilden (A)

92 Haupt- und Nebensätze zu Satzgefügen
   verknüpfen (A)
93 Näher erläutern – Relativsätze (A)
94 Objekte: Satzglieder, die vom Prädikat
   abhängen (A)
95 Präpositionale Objekte (C)
96 Adverbiale Bestimmungen –
   genauere Angaben machen (C)

Zusatzmaterialien
97 Gruppenturnier – Kleiner Anfangstest
99 Verben, bei denen sich der Wortstamm
   ändert
100 Vorzeitigkeit deutlich machen
101 Aktiv – Passiv
102 Übungszirkel: Sprache betrachten

Richtig schreiben (SB S. 220–245)

Zusatzmaterialien
110 Fehlerschwerpunkte ermitteln und
   korrigieren (I)
111 Fehlerschwerpunkte ermitteln und
   korrigieren (II)
112 Fehlerschwerpunkte ermitteln
113 Fremdwörter richtig schreiben
114 Übungszirkel: Großschreibung
119 Groß- und Kleinschreibung von
   Zeitangaben
120 Übungszirkel: Zeichensetzung

Methoden und Arbeitstechniken
(S. 254–265)

Zusatzmaterialien
126 Rückmeldebogen
127 Fächer zum ESAU-Verfahren
128 Gruppenbildung leicht gemacht

Lösungen
129

Die Konzeption des Sprach-Lesebuchs KLARTEXT

1. Ausgangspunkt: Kompetenzorientierter Unterricht

Bildungsstandards, Kompetenzen, Lerndiagnose, Fördermaßnahmen – dies sind Vokabeln, die seit 2003 die didaktische Diskussion und gegenwärtig auch die Planung, Durchführung und Evaluation des schulischen Unterrichts bestimmen. Ausgangspunkt war die Verpflichtung aller Bundesländer, mit Beginn des Schuljahres 2004/ 2005 die von der KMK 2003 für das Fach Deutsch vorgelegten Bildungsstandards für den Mittleren Schulabschluss (Jahrgangsstufe 10) zu übernehmen und die jeweiligen Lehrpläne daraufhin anzupassen. Neben einer grundsätzlichen Sicherung der Qualität von Bildung und Unterricht war und ist das Ziel dieser Maßnahmen, einerseits eine Vergleichbarkeit der Schulabschlüsse zu erreichen, andererseits durch eine genaue Abstimmung von Zielen und Maßnahmen die individuelle Förderung aller Schülerinnen und Schüler zu verbessern.

Beeinflusst von der PISA-Studie wurden die KMK-Bildungsstandards in Form von fachbezogenen Kompetenzen formuliert. Sie benennen konkrete Fähigkeiten und Kenntnisse, die mit Bestehen des Mittleren Schulabschlusses am Ende der 10. Klasse erreicht werden sollen. Auf der Basis dieser Vorgaben war es Aufgabe der Länder, eine entsprechende Ableitung der formulierten Kompetenzen für die Jahrgangsstufen 7/8 sowie 5/6 vorzunehmen. In logischer Konsequenz mussten die Leistungserwartungen kumulativ für das Ende des 8. und 6. Schuljahres so definiert werden, dass das Erreichen der Bildungsstandards im 10. Jahrgang gewährleistet ist.

Die Aufgabe der Lehrerinnen und Lehrer besteht nun darin, diese fachdidaktisch begründeten Kompetenzstufen in ihrem Unterricht zielorientiert zu realisieren. Denn die Bildungsstandards und die jahrgangsstufenbezogenen Kompetenzfestlegungen sind zum einen die Voraussetzung für vergleichende Lernstandserhebungen und zentrale Abschlussprüfungen und zum anderen eine wichtige Bezugsgröße für einen Unterricht, der durch Lerndiagnose die individuelle Förderung der Schülerinnen und Schüler anstrebt.

Die Konzeption von KLARTEXT zielt auf die Realisierung der durch die Bildungsstandards formulierten Forderungen. Unterstützt wird dieser Anspruch durch sorgfältig aufeinander abgestimmte Unterrichtsmaterialien (Schülerband), Lerndiagnosevorlagen (Lehrerband) und Fördermaterialien (Kopiervorlagen im Lehrerband, Arbeitsheft mit und ohne CD-ROM, Rundum-CD).

1.1 Aufgabentypen und Kompetenzen

Inzwischen wurden in mehreren Bundesländern landesspezifische Lehrpläne vorgelegt, die auf der Basis der KMK-Bildungsstandards entwickelt wurden. Die folgenden Ausführungen orientieren sich an den Kernlehrplänen für die Realschule und für die Gesamtschule in Nordrhein-Westfalen (2004).

Im vierten Kapitel dieser Kernlehrpläne werden drei mündliche und sechs schriftliche Aufgabentypen vorgestellt, die wiederum im Hinblick auf die verschiedenen Jahrgangsstufen kumulativ aufeinander aufbauen. Die schriftlichen Aufgabentypen geben im Sinne eines integrativen Deutschunterrichts unterschiedliche Formen der Leistungsüberprüfung vor, die implizit Kompetenzen aus unterschiedlichen Lernbereichen voraussetzen und damit umfassend die sprachliche Handlungsfähigkeit der Schülerinnen und Schüler überprüfen.

Ausdrücklich wird im Kapitel „Leistungsmessung" darauf hingewiesen, dass alle Aufgabentypen im Rahmen der schriftlichen Klassenarbeiten in einer Jahrgangsstufe Berücksichtigung finden müssen. Die Schülerinnen und Schüler sollen auf diese Weise die Gelegenheit bekommen, sich mit allen Aufgabentypen vertraut zu machen. Auch in den Abschlussprüfungen findet in bestimmten Rhythmen ein Wechsel der Aufgabentypen statt. In diesem Sinne sind die Aufgabentypen Kristallisationspunkte für unterschiedliche Kompetenzen, die im Unterricht sukzessiv erarbeitet werden müssen. Die Behandlung aller (mündlichen sowie schriftlichen) Aufgabentypen setzt die Erarbeitung aller jahrgangsstufenbezogenen Kompetenzen voraus.

KLARTEXT hat sich an den Vorgaben des Ministeriums für Schule orientiert, diese aber auch weiterentwickelt.

Im Folgenden soll exemplarisch aufgezeigt werden, wie der Zusammenhang zwischen den jeweiligen Aufgabentypen und den von diesen vorausgesetzten jahrgangsstufenbezogenen Kompetenzen konzeptionell in KLARTEXT berücksichtigt wird.

Das hier gewählte Beispiel bezieht sich auf die Seite 48 f. in KLARTEXT 7. Hier sollen die Schüler im sogenannten Kompetenz-Check mit dem *Aufgabentyp 4b): Informationen ermitteln, vergleichen und bewerten* vertraut gemacht werden.

Um die Schüler zu befähigen, den Aufgabentyp 4b) selbstständig bearbeiten zu können, müssen sie verschiedene Teilkompetenzen beherrschen, die in der gesamten thematischen Einheit *Für andere da sein* sukzessive aufgebaut und im Kompetenz-Check in einem funktionalen inhaltlichen Zusammenhang überprüft werden.

Im Hinblick auf die erarbeiteten Teilkompetenzen ist der Aufgabentyp konsequenterweise prozessorientiert angelegt: Die Schüler werden

Ausgangspunkt: Kompetenzorientierter Unterricht

Klartext 7

schrittweise und progressiv mithilfe entsprechender Teilaufgaben zur Lösung des Aufgabentyps hingeführt. Die Teilaufgaben entsprechen wiederum den einzelnen Teilkompetenzen, die für die Bearbeitung des Aufgabentyps obligatorisch sind.

Ziel des Aufgabentyps 4b) in der Jahrgangsstufe 7 ist es, dass die Schülerinnen und Schüler durch Aufgaben geleitet aus kontinuierlichen (*Das Projekt „JUUS – Jugend für Umwelt und Sport"*) und diskontinuierlichen Texten (integrierte Abbildung „Abenteuer JUUS" und Diagramm „Projekte von JUUS") Informationen ermitteln, sie miteinander vergleichen und bewerten, mit dem Ziel, einen adressatenbezogenen appellativen Text zu formulieren.

In der folgenden tabellarischen Übersicht wird aufgezeigt, welche Kompetenzen für eine erfolgreiche Bearbeitung der im Schulbuch formulierten Aufgabenstellungen zum Aufgabentyp 4b) von den Schülerinnen und Schülern zuvor erworben werden müssen: In der linken Tabellenspalte sind die Teilaufgaben zum Kompetenz-Check auf der Seite 48 f. im Schülerband in generalisierter Form aufgeführt. In der rechten Tabellenspalte werden den einzelnen Teilaufgaben die entsprechenden Teilkompetenzen für die Bearbeitung des Aufgabentyps zugeordnet.

Aufgabentyp 4b) und Kompetenzen

Aufgaben zum Text:	Kompetenzen:
1. Informationen aus Texten entnehmen (kontinuierlicher und diskontinuierlicher Text)	**3.3. Lesetechniken und -strategien**
	3.3.1 Sie verfügen über Strategien und Techniken des Textverstehens
2. Informationen vergleichen und in einer Tabelle ordnen	3.3.2 Sie nutzen Bücher und Medien zur Informationsentnahme, ordnen die Informationen und halten sie fest.
3. Schreibplan anlegen	**3.2. Schreiben**
4. Informierenden Text schreiben und Beurteilung formulieren	3.2.1 Schreiben als Prozess: Textplanung, -formulierung und -überarbeitung
	3.2.3 Über Sachverhalte informieren
5. Entwurf überarbeiten	3.2.8 Sie formulieren Aussagen zu diskontinuierlichen Texten, werten sie in funktionalem Zusammenhang aus.

1.2 Didaktisch-methodische Integration

Im Unterschied zu früheren Lehrplänen finden sich in den Kernlehrplänen für die Realschule in NRW nur wenige unterrichtsmethodische Vorgaben, da diese in den Entscheidungsbereich der unterrichtenden Lehrerinnen und Lehrer fallen.

Hier wird lediglich das Postulat der Vielseitigkeit von Unterrichtsformen betont (vgl. S. 12).

Ein übergeordneter Stellenwert wird jedoch dem didaktisch-methodischen Prinzip der Integration beigemessen. So heißt es im aktuellen Kernlehrplan (S. 12): „[Der Unterricht] soll in komplexen Kontexten [...] die Bereiche des Faches integrieren. Es ist erforderlich, sich im Unterricht auf Wesentliches zu konzentrieren, ausgewählte Inhalte zu vertiefen und nach dem Prinzip der integrierenden Wiederholung bereits erworbene Kenntnisse und Fähigkeiten zu ergänzen und zu erweitern."

Integration bedeutet demzufolge, auf das Wesentliche fokussierte Lernarrangements zu schaffen, indem die Behandlung von Kompetenzen aus unterschiedlichen Bereichen des Faches nicht isoliert erfolgt, sondern in einem funktionalen und thematischen Zusammenhang für Schüler transparent aufbereitet wird. So ermöglicht es

KLARTEXT, von einer Aufgabenstellung in einem thematischen Kapitel unmittelbar in die Arbeit mit dem Computer zu wechseln. Auch grammatische oder orthografische Phänomene können auf diese Weise in einem spezifischen funktionalen Zusammenhang verknüpfend erarbeitet, geübt oder vertieft werden. Dem Prinzip der integrierenden Wiederholung trägt KLARTEXT damit Rechnung, indem alle thematischen Kapitel durch das implizite Verweissystem mit den entsprechenden systematischen Kapiteln im gesamten Schülerbuch verzahnt werden.

In KLARTEXT 7 wird beispielsweise im thematischen Kapitel *Kummerkasten* das Schreiben eines begründenden Briefes zunächst mit entsprechenden Hilfestellungen (TIPPs *So schreibst du einen argumentierenden Brief, So sprichst du deinen Adressaten persönlich an, So kannst du deine Argumente glaubwürdig veranschaulichen,* Seite 22, 24, 26) kleinschrittig angeleitet. In den Folgesequenzen erhöht sich der Schwierigkeitsgrad, indem nun mögliche Einwände bei der Planung des Briefes mitberücksichtigt und geübt werden. Dabei setzen sich die Schüler bewusst damit auseinander, wie auf diese Einwände sinnvoll eingegangen werden kann und wie sie wirkungsvoll entkräftet werden können (vgl. Seite 27). Schließlich wird noch der methodische Aspekt der Überarbeitung eines begründenden Briefes in den Fokus genommen, bevor die Sequenz mit dem Kompetenz-Check *Eine Argumentation zu einem Sachverhalt verfassen* als Lernerfolgskontrolle vor einer Klassenarbeit abgeschlossen wird.

2. Aufbau des Schülerbandes KLARTEXT

KLARTEXT 7 ist ein integratives Sprach-Lesebuch für den Deutschunterricht an Real- und Gesamtschulen, das alle Lernbereiche des Kernlehrplans abdeckt.

Der Aufbau des Buches lässt eine klare Struktur erkennen, die auch durch die Farbgebung im Inhaltsverzeichnis und auf den Seiten unterstützt wird:

Thematische Kapitel (blau)

Im Mittelpunkt dieser Kapitel steht die integrative Erarbeitung von Kompetenzen aus unterschiedlichen Bereichen des Kernlehrplans in einem bestimmten thematischen Kontext. In jedem thematischen Kapitel werden die Kompetenzen für mindestens einen mündlichen oder schriftlichen Aufgabentyp eingeübt und in einem abschließenden *Kompetenz-Check* überprüft. Alle Aufgabentypen werden im Rahmen der thematischen Kapitel abgedeckt (siehe Gegenüberstellung im Inhaltsverzeichnis).

Systematische Kapitel

Diese Kapitel bieten eine vertiefte Behandlung und zusätzliche Übungen in folgenden Lernbereichen an, auf die in den thematischen Kapiteln verwiesen wird:
– *Sprache betrachten* (grün)
– *Richtig schreiben* (orange)
– *Computer im Unterricht* (lila)
– *Methoden und Arbeitstechniken* (lila)

Basiswissen (blau)

Dieses Wissensglossar enthält eine Zusammenstellung der wichtigsten Grundbegriffe von Sprache und Literatur. Das Basiswissen kumuliert von Band zu Band.

2.1 Inhalte der thematischen Kapitel

Die Themenauswahl in den thematischen Kapiteln orientiert sich an der Erfahrungswelt der Schülerinnen und Schüler, an deren Interessen, Hobbys und Problemen, wobei sowohl Jungen als auch Mädchen in ihrer teilweise unterschiedlichen Interessenhaltung ausreichend berücksichtigt werden. Auch Konfliktbereiche werden nicht ausgeklammert, sondern behutsam aufgearbeitet (vgl. Seite 12 f.: *Sich im Internet und beim Chatten schützen*).

Die Auswahl der einzelnen Themenbereiche und Texte bezieht soziale und lebenspraktische Perspektiven (vgl. Seite 36–53: *Für andere da sein*) und Umweltaspekte (vgl. Seite 116 f.: *Von den Mächten der Natur*) mit ein, wobei durchgängig vom Schüler als Individuum und dessen Bedürfnissen im Alltag und in der Familie ausgegangen wird.

Ein besonderer Schwerpunkt liegt im Angebot von unterschiedlichen Kommunikationssituationen und ihrer kritischen Reflexion (vgl. Seite 14: *Freundschaft im Schülernetzwerk* und Seite 62: *Eine telefonische Anfrage machen*). So werden die Themen danach ausgewählt, inwieweit sie die mündliche und schriftliche Kommunikationsfähigkeit fördern und das Sprachbewusstsein weiterentwickeln. Sie tragen also dazu bei, Lebenssituationen sprachlich besser zu bewältigen. Dazu gehört auch, Gesprächsregeln und Regeln der Höflichkeit zu entwickeln und einzuhalten – eine Fähigkeit, die nicht nur im Deutschunterricht eine immer größere Rolle spielt.

Zudem bieten die thematischen Kapitel problem- und handlungsorientierte Aufgabenstellungen, in denen Texte geschrieben, gelesen, Gespräche geführt, Sprache untersucht und Methoden und Arbeitstechniken angewandt werden, und ermöglichen somit eine lernbereichsintegrierende Arbeitsweise im Unterricht.

Auch Medien sollen kompetent genutzt und kritisch betrachtet werden. Dazu gehört in erster Linie der Umgang mit Texten unterschiedlicher Art: kürzere Erzählungen, Auszüge aus Jugendbüchern, Gedichte, Briefe, Sachtexte etc.

Auch diskontinuierliche Texte (z. B. Tabellen, Diagramme, Grafiken) werden herangezogen und hinsichtlich ihrer Aussage untersucht und verbalisiert bzw. in den Aufgabenstellungen (z. B. in Aufgabentyp 4b) einbezogen. Hier wird das didaktisch-methodische Prinzip der Integration fachinterner Lernbereiche auf das Prinzip fachübergreifenden Lernens ausgeweitet (z. B. in den Kapiteln *Für andere da sein* und *Das Geheimnis des Erfolgs*). Seine Legitimation findet diese Ausdehnung in der besonderen Rolle und Funktion, die dem Deutschunterricht grundsätzlich beigemessen wird. So schafft gerade das Fach Deutsch die wesentlichen Voraussetzungen, Schüler zu einem angemessenen Umgang mit Sprache und Texten zu befähigen. Das Beherrschen dieser Basiskompetenzen wird wiederum von vielen anderen Schulfächern eingefordert, in denen Texte bzw. Sachtexte eine häufige Materialgrundlage darstellen. Darüber hinaus schafft die fachübergreifende Konzeption einiger thematischer Kapitel eine große Alltagsnähe für Schüler, indem der Nutzwert des Lernstoffes den Schülern transparent gemacht wird (z. B. in den Kapiteln *Eine Schulveranstaltung organisieren* und *Willkommen im Camp*).

Aufbau des Schülerbandes KLARTEXT

Vor allem aber werden Lesestrategien je nach Textart variabel eingeführt und trainiert. Das heißt, Texte werden anhand analytischer und kreativer Methoden entschlüsselt. Dazu gehören gängige Lesemethoden ebenso wie das eigenständige Fortsetzen von Texten, der Perspektivenwechsel, die szenische Umsetzung in Rollenspielen, in Standbildern oder auch die bildliche Darstellung.

Von Jahrgang zu Jahrgang wird ein Medium in den Mittelpunkt der Betrachtung gerückt und am Beispiel erarbeitet. In KLARTEXT 7 werden zwei zentrale Medien thematisiert: das Internet in den Kapiteln *Unsere Klasse im Netz* und *Computer im Unterricht* sowie der Film im Kapitel *Krabat – vom Buch zum Film*. Im Kontext dieser Medienkapitel wird besonders die Relevanz des jeweiligen Mediums für den Deutschunterricht hervorgehoben. So wird z. B. zu einer gezielten Internetrecherche angeleitet, die thematisch an das Kapitel *Das Geheimnis des Erfolgs* angebunden ist. Dabei werden zum einen das Beurteilen von Suchergebnissen und das Auswählen geeigneter Internetquellen aufgezeigt, zum anderen werden das Erstellen einer Mindmap mit dem Computer sowie die Gestaltung von Präsentationsfolien erarbeitet. Durch die Anbindung an das thematische Kapitel wird der Umgang mit dem Computer insofern nicht rein technisch vermittelt, sondern mit konkreten Schreibanlässen verbunden. In den höheren Jahrgängen wird KLARTEXT die Arbeit mit dem Computer auch auf andere Bereiche ausdehnen, beispielsweise die Bearbeitung von Audiodateien.

2.2 Aufbau der thematischen Kapitel
Alle thematischen Kapitel haben einen ähnlichen Aufbau:

2.2.1 Thematischer Einstieg
Jede thematische Einheit setzt mit einer Doppelseite ein, die durch Bilder und Texte nicht nur einen motivierenden Einstieg in die Einheit bietet, sondern bei den Schülern auch Erinnerungen an vergleichbare Erfahrungen weckt und diese zum Gegenstand eines Klassengesprächs machen kann.

2.2.2 Kompetenzschwerpunkt: Erarbeitung der für einen Aufgabentyp relevanten Kompetenzen
Im Mittelpunkt jeder thematischen Einheit steht die systematische Erarbeitung von Kompetenzen für einen mündlichen oder schriftlichen Aufgabentyp.

Das Bereitstellen vielfältiger, altersgemäßer Textmaterialien, die sich an einem Thema orientieren, ist ein wichtiges Kriterium der Konzeption von KLARTEXT. Dies ermöglicht einen abwechslungsreichen und motivierenden Unterricht, der Schreibmotivation auslöst und aufrechterhält.

Angestrebt werden daher Situationen, die das Schreiben als sinngeleitet erfahrbar machen. Auf diese Weise können die Schüler für sich selbst den Nutzen des Schreibens entdecken. Hervorgehoben werden dabei besonders der Adressaten- und Zielbezug, die wesentliche Kriterien für das Schreiben eigener Texte darstellen.

Zugleich besteht der Anspruch von KLARTEXT darin, kleinschrittig die aufgabentypbezogenen Kompetenzen zu erarbeiten. Für die schriftlichen Aufgabentypen bedeutet dies, dass im Sinne einer prozessorientierten Schreibdidaktik alle Teilkompetenzen, die für das Planen, Formulieren und Überarbeiten von Texten notwendig sind, sorgfältig und sukzessive erarbeitet werden. Welche Kompetenzen auf einer Seite im Schulbuch schwerpunktmäßig zum Tragen kommen, wird jeweils in den Fußzeilen ausgewiesen. Das ermöglicht der Lehrerin bzw. dem Lehrer eine Orientierung im Hinblick auf die laut Kernlehrplan zu erarbeitenden Kompetenzen.

Um den Prozess des entdeckenden sowie des selbstständigen Lernens zu unterstützen, werden in den thematischen Kapiteln von KLARTEXT folgende didaktische Elemente eingesetzt und durch das Layout hervorgehoben:

INFO-Kästen: Sie vermitteln wichtige Kenntnisse, die jeweils für den Schreibvorgang notwendig sind (z. B. *Was gehört in die Betreffzeile?*), oder halten im Sinne einer Ergebnissicherung eine induktiv erarbeitete Einsicht fest (z. B. *Wie ist eine Anzeige aufgebaut?*).

TIPP-KÄSTEN: Sie enthalten konkrete Handlungshinweise im Sinne von arbeitstechnischen Anleitungen, die beim Umgang mit bestimmten Textsorten wichtig sind (z. B. *So wertest du Schaubilder aus*).

CHECKLISTEN: Sie enthalten aufgabentypspezifische Hinweise zur Überprüfung und Überarbeitung von Texten (z. B. *Eine Anfrage überarbeiten*). Sie sind Grundlage für die Überarbeitung des eigenen Textes oder für die Durchsicht fremder Texte im Rahmen von Schreibkonferenzen.

FORMULIERUNGSHILFEN: Zur Unterstützung und Erweiterung des Wortschatzes werden textformspezifische Satzanfänge angeboten (TIPP, Seite 42).

SCHÜLERTEXTE: Sie können Ausgangspunkte für eigene Schreibprozesse sein und erleichtern das Ins-Schreiben-Kommen. Zumeist sind es jedoch Beispiele für Schülerlösungen, die eine Vorstellung von den erwarteten Texten vermitteln, aber auch noch Möglichkeiten für Verbesserungen enthalten. Dazu werden in den CHECKLISTEN Vorschläge zur Überprüfung eines Textes gegeben. In den Randbemerkungen zu den Schülertexten finden sich ergänzend beispielhafte Schülerkommentare, die entsprechend fortgesetzt werden können.

Diese Hinweise und Informationen beziehen sich direkt auf den Schreibprozess. Durch diese

Klartext 7

Aufbau des Schülerbandes KLARTEXT

Hilfen und durch anleitende Aufgabenstellungen werden die Schülerinnen und Schüler in die Lage versetzt, in der Schule oder zu Hause weitgehend selbstständig zu arbeiten. Sie werden so zum Schreiben auch neuartiger Texte ermutigt und befähigt.

2.2.3 Kompetenz-Check

Der *Kompetenz-Check* steht jeweils am Ende eines thematischen Kapitels. Bild- und Textmaterial sowie die Aufgabenstellungen entsprechen den Anforderungen, die der jeweilige Aufgabentyp an eine Klassenarbeit stellt. Konsequenterweise werden nur jene Kompetenzen überprüft, die im Kompetenzschwerpunkt der Einheit erarbeitet und geübt worden sind.

Der *Kompetenz-Check* bildet darüber hinaus die Grundlage für eine Diagnose der aufgabentypspezifischen Fähigkeiten. Er ist damit auch Ausgangspunkt für den Einsatz weiterer Übungsangebote, die sich im *Arbeitsheft* sowie in den *Materialien für Lehrerinnen und Lehrer* befinden.

2.2.4 Im Blickpunkt: Sprache betrachten/ Im Blickpunkt: Richtig schreiben

Am Ende der thematischen Kapitel befinden sich jeweils zwei vertiefende Seiten: *Im Blickpunkt: Sprache betrachten* (grün) und *Richtig schreiben* (orange). Auf beiden Seiten sind die ausgewählten Inhalte thematisch und funktional auf die jeweilige Einheit bezogen. Die Behandlung eines spezifischen grammatischen oder orthografischen Phänomens ergibt sich also notwendigerweise aus der Erarbeitung des jeweiligen thematischen Kapitels heraus. Sie kann daher integrativ unter derselben thematischen Klammer erarbeitet werden. Auf diese Weise werden die Zugänge zur Sprache von den Schülerinnen und Schülern als funktional und notwendig wahrgenommen.

Es bleibt den Lehrerinnen und Lehrern überlassen, wann sie diese Exkurse in den Unterricht einplanen: Sie können bei der Erarbeitung des Kompetenzkerns einbezogen werden oder nach der Durchführung des Kompetenz-Checks, wenn die Notwendigkeit zur Behandlung dieser Themen offensichtlich ist.

Die Seiten zur Sprachbetrachtung und Rechtschreibung können freilich nicht alle Aspekte des angesprochenen Sprach- oder Rechtschreibproblems behandeln. Daher wird von diesen Seiten auf die systematischen Kapitel des Buches verwiesen, in denen diese Inhalte strukturiert erarbeitet und vertiefend geübt werden. Auch hier bleibt es der Lehrkraft überlassen, ob sie dieser Anregung folgt oder die Behandlung dieser Themen im Unterricht zu einem späteren Zeitpunkt aufgreift.

2.2.5. Im Blickpunkt: Lesen

Jede thematische Einheit schließt mit einem zusätzlichen Leseangebot, das unmittelbar an den thematischen Rahmen angebunden ist. Dieses Angebot bietet ein vielseitiges Repertoire von Textarten. Damit wird auch der Forderung des Literaturunterrichts nach längeren Texten Rechnung getragen. Diese Texte können je nach Ermessen zum Einstieg, im Verlauf der Einheit, als Hausaufgabe, in der selbstständigen Erarbeitung oder auch zum Abschluss einer Einheit erarbeitet werden.

Die Aufgabenstellungen orientieren sich an den Aufgabenformaten (geschlossen, halboffen und offen) der Lernstandserhebungen und Abschlussprüfungen. Auf diese Weise werden die Schülerinnen und Schüler bereits zu Beginn der Sekundarstufe I mit diesen neuen Aufgabenformen vertraut gemacht. Die Aufgabenstellungen enthalten
– Fragen zum Leseverstehen,
– Aufgaben, die interpretative Kompetenzen erfordern,
– Aufgaben, die eine Stellungnahme verlangen,
– Aufgaben, die eine handlungs- und produktionsorientierte Auseinandersetzung mit dem Text ermöglichen.

2.3 Aufbau der systematischen Kapitel

Die *systematischen Kapitel* sind den thematischen Kapiteln nachgestellt und enthalten ein vielfältiges Übungsangebot zu den Schwerpunkten *Sprache betrachten, Richtig schreiben, Computer* und *Methoden und Arbeitstechniken*. Sie ermöglichen ein vertiefendes Arbeiten und bieten Material für einen differenzierenden Unterricht. Inhaltlich finden sich zumeist Anknüpfungen an die *thematischen Kapitel*, von denen auf die systematischen Kapitel verwiesen wird.

2.3.1 Sprache betrachten

Zielsetzung dieses Kapitels ist es, die Form der Sprache und auch das Sprachsystem einsichtig und verschiedene sprachliche Möglichkeiten in ihrer Funktion erfahrbar zu machen. Reflexionen werden immer wieder mit Sprachgebrauch verbunden und Grammatik so in ihrer Funktion für den Sprachgebrauch transparent gemacht. Das Ziel hierbei ist die Herausbildung eines kritischen Sprachbewusstseins. Thematisiert werden typische sprachliche Schwerpunkte unter Bezug auf die im Kernlehrplan ausgewiesenen Kompetenzen aus dem Bereich 3.4 Reflexion über Sprache: Bedeutung von Wörtern, Unterschiede zwischen Sprachen (in KLARTEXT 7 zwischen dem *Deutschen* und dem *Englischen*), Satzbildung, Wortbildung etc. Dabei werden die für die jeweilige Jahrgangsstufe typischen Sprachunsicherheiten und Fehlerquellen problemorientiert aufgegriffen, Lösungshilfen aufgezeigt und vielfältige Übungsangebote bereitgestellt.

Aufbau des Schülerbandes KLARTEXT

Daher ist die Betrachtung grammatischer Phänomene kein Selbstzweck. Sie ist eng verknüpft mit den Kompetenzbereichen *Sprechen und Zuhören, Schreiben* und *Umgang mit Texten und Medien*, die in den thematischen Kapiteln grundlegend erarbeitet werden. Ausgehend von sprachlichen Problemen, die u. a. dort zu lösen sind, werden grammatische Phänomene im systematischen Kapitel aufgegriffen, diskutiert und reflektiert. Durch eine funktionale Integration können sie so vonseiten der Lehrkraft für die Schülerinnen und Schüler aufbereitet werden.

KLARTEXT bietet den Lehrerinnen und Lehrern die Möglichkeit, den integrativen Ansatz sinnvoll und vor allem nachhaltig zu verfolgen, sodass sie die thematischen und systematischen Kapitel wechselseitig integrieren können.

Hinsichtlich der methodischen Vorgehensweise werden häufig Sprachvergleiche und operationale Verfahren (z. B. *Umstellprobe, Erweiterungsprobe* etc.) zur Beobachtung herangezogen. Die gewonnenen Einsichten werden durch TIPPs und INFOs verbalisiert und mit den entsprechenden Fachtermini belegt. Dies erlaubt die Übertragung der Erkenntnisse und Begriffe auf die eigene Textproduktion und auf die Textüberarbeitung.

2.3.2 Richtig schreiben

Richtig schreiben zu können, ist für das Verfassen von Texten unabdingbar. Gleichzeitig sollte aber die Schreibmotivation unter dem Druck der Norm nicht reduziert werden. Ein wesentliches Kriterium für einen nachhaltigen Rechtschreibunterricht ist daher die gezielte und didaktisch fundierte Erarbeitung von orthografischen Problemfällen, das Aufzeigen regelhafter Zusammenhänge und die Vermittlung von Lösungsstrategien, die für Schülerinnen und Schüler leicht erlernbar und anzuwenden sind.

In diesem Kapitel werden – nach Möglichkeit – regelhafte Zusammenhänge aufgezeigt. Auf diese Weise können die Vielzahl der orthografischen Phänomene reduziert und die Lernwörter isoliert werden. Diese werden in Wörterlisten oder Karteikästen gesammelt und zum Lernen aufbereitet.

Die Schülerinnen und Schüler lernen jedoch nicht nur Regeln, sondern verstärkt Rechtschreibstrategien, um ihre Rechtschreibprobleme selbstständig lösen zu können: Sie verlängern Wörter (z. B. *Pluralbildung*) und leiten sie ab (z. B. *Wortfamilie*). Die Groß- und Kleinschreibung wird als syntaktisches Problem erklärt, indem Nomen im Satz durch die Artikelprobe ermittelt werden.

Ab KLARTEXT 7 liegt der Schwerpunkt darauf, Fehlerschwerpunkte in eigenen Texten zu erkennen und diese mithilfe von Rechtschreibstrategien gezielt zu beheben. Eine wesentliche Strategie stellt hierfür z. B. die Silbenprobe dar.

Sie ermöglicht es, zu erkennen, wann ein Wort mit einem Doppelkonsonanten geschrieben werden muss und wann nicht.

Ein Verständnis dieser Strategien bedeutet für den Schreiber, über praktikables Handlungswissen zu verfügen, auf das er jederzeit zurückgreifen kann, auch ohne alle Wörter zu kennen. Gerade für schwächere Schülerinnen und Schüler bietet dieses Wissen eine gute Grundlage für ein selbstständiges Lösen von orthografischen Problemfällen.

2.3.3 Computer im Unterricht

Die Förderung von Medienkompetenz ist ein weiteres Ziel von KLARTEXT. Hierzu gehören die Nutzungs-, die Kritik- und die ästhetische Kompetenz. Die Schülerinnen und Schüler sollen lernen, den PC ziel- und zweckorientiert zu verwenden, kritisch hinsichtlich seiner Funktionalität zu hinterfragen, aber auch die gestalterischen Möglichkeiten unter dem Aspekt der Ästhetik angemessen zu nutzen und zu beurteilen.

Um diese Teilkompetenzen im Hinblick auf eine langfristige Herausbildung umfassender Medienkompetenz zu fördern, werden in dem systematischen Kapitel *Computer im Unterricht* konkrete Bezüge zu den thematischen Kapiteln hergestellt. Auch hier wird das Prinzip der Integration in die Praxis umgesetzt, indem in den thematischen Einheiten bei einzelnen Aufgaben auf konkrete Seiten aus dem Computerkapitel verwiesen wird.

So werden beispielsweise in KLARTEXT 7 sowohl die ästhetische Kompetenz als auch die Nutzungskompetenz gefördert, indem die Schülerinnen und Schüler sich in den Kapiteln *Für andere da sein* und *Das Geheimnis des Erfolgs* mithilfe von gängigen Suchmaschinen im Internet über ein Thema informieren (vgl. Seite 246–249) sowie in letzterem Kapitel mithilfe des Computers eine Mindmap zu den gesammelten Informationen anlegen und anschauliche Folien gestalten (vgl. Seite 250–253). Ein Querverweis leitet die Schüler auf die entsprechende Seite im systematischen Kapitel, in dem die jeweilige Methode von Grund auf angeleitet wird.

Über die oben beschriebene integrative Handhabung hinaus bietet sich das Computerkapitel auch als Materialgrundlage für eine projektgebundene, fachübergreifende Erarbeitung im Rahmen des schulinternen Methodencurriculums an.

2.3.4 Methoden und Arbeitstechniken

Unter Arbeitstechniken versteht man jene Teilkompetenzen, die im Sinne von Handwerkszeug dem Schüler zur Verfügung stehen müssen, um komplexe Aufgaben wie das Recherchieren, Erschließen, Schreiben und Präsentieren von Texten leisten zu können. Hierzu zählen das Unterstreichen von Textstellen und die Formulierung von Zwischenüberschriften für Sinnabschnitte ebenso wie das Einhalten von Gesprächsregeln, das genaue Lesen von Aufgabenstellungen, das Nachschlagen, das Anfertigen von Stichwortzetteln, das Anlegen von Clustern oder Mindmaps, das Anlegen von Mappen und das geregelte Ablegen von Ergebnissen im Portfolio oder das Arbeiten in Gruppen.

Der Begriff *Arbeitstechnik* lässt sich nicht eindeutig von dem Begriff *Methode* abgrenzen. Sie werden in der Literatur oftmals synonym verwendet. Häufig sind Methoden wie z. B. die *Lesemethode für Sachtexte* komplexer und enthalten mehrere Teilkompetenzen (z. B. Unterstreichen von unbekannten Begriffen, Nachschlagen, Unterstreichen von Schlüsselstellen etc.).

In diesem Kapitel werden Methoden und Arbeitstechniken nicht nur beschrieben, sondern anhand konkreter Beispiele eingeübt. Vorzugsweise sind es grundlegende Verfahrensweisen, die sich in mehreren Kapiteln einsetzen lassen. Die exemplarische Vorstellung in diesem Kapitel erlaubt es, in den entsprechenden thematischen Kapiteln durch Querverweise an die hier erfolgte Darstellung anzuknüpfen.

Das Curriculum dieses in den Folgebänden fortgesetzten Kapitels orientiert sich an den Kompetenzanforderungen der jeweiligen Jahrgangsstufen und am Prinzip der progressiven Steigerung. Die Darstellung der *Lesemethode für erzählende Texte* sowie der *Lesemethode für Sachtexte* wurde beispielhaft in Jahrgang 5 eingeführt und – nachdem die Schüler die wesentlichen Fachtermini zur Gedichterschließung kennengelernt haben – um die *Lesemethode für Gedichte* in Jahrgang 6 erweitert. Somit kumulieren auch die Methoden und Arbeitstechniken über die Jahrgänge hinweg. Ergänzt wurde dieses Repertoire in KLARTEXT 7 um Methoden des kooperativen Lernens (*Gruppenpuzzle* und *Expertensuche*) sowie Methoden zur Auswertung von Diagrammen.

Aber nicht nur in diesem Kapitel werden die Schülerinnen und Schüler mit Arbeitstechniken vertraut gemacht. Die Übersicht zu den im Schülerband behandelten Arbeitstechniken (Seite 265) zeigt, dass durch TIPP-KÄSTEN wichtige Verfahren im Kontext der jeweiligen Aufgabentypen eingeübt werden. Auch in diesen Fällen werden diese Arbeitstechniken nicht nur beschrieben, sondern sie sind Teil eines aufgabentypspezifischen Arbeitsvorgangs. Die Vermittlung von Arbeitstechniken ist daher ein durchgängiges Prinzip von KLARTEXT.

2.3.5 Basiswissen
Zum Abschluss eines jeden Schülerbandes findet sich ein alphabetisches Register mit Basiswissen zu Sprache und Literatur. Es ermöglicht den Schülerinnen und Schülern das eigenständige Nachschlagen unbekannter (oder bereits erlernter, aber noch nicht sicher verfügbarer) Begriffe und Verfahrensweisen. Funktionserklärun-

gen sowie Beispiele erläutern die jeweiligen Phänomene. Das Basiswissen kumuliert von Band zu Band, sodass in den höheren Jahrgangsstufen auch auf länger zurückliegende Inhalte zurückgegriffen werden kann.

3. Zusatzmaterialien
Die KLARTEXT-Reihe bietet ein umfangreiches Zusatzangebot von Unterrichtsmaterialien über das Sprach-Lesebuch hinaus:
1. Lösungsheft zum Schülerband
2. Arbeitsheft
3. Arbeitsheft mit Lernsoftware (CD-ROM)
4. Materialien für Lehrerinnen und Lehrer
5. Rund um (2.0) … Klartext – Digitale Lehrermaterialien

3.1 Kostenloses Lösungsheft zum Schülerband
978-3-14-294177-6
Das kleinformatige Lösungsheft bietet Lösungen zu allen Aufgaben im Schülerband, die konkret bearbeitet werden können. Aufgaben zu mündlichen Bereichen werden nicht berücksichtigt; zu freien Schreibaufgaben werden zum Teil Lösungsvorschläge angeboten, zu den Kompetenz-Checks der schriftlichen Aufgabentypen liegen sie durchgehend vor.

3.2 Arbeitsheft plus interaktive Übungen
978-3-14-124177-8
Die begleitenden Arbeitshefte bieten Schülern und Lehrern zusätzliches Übungsmaterial zum Schülerband, das sich an den thematischen Kapiteln und deren Kompetenzbereichen orientiert und somit vielseitig einsetzbar ist: zur eigenständigen Erarbeitung, zum Üben, zur Vertiefung, als Hausaufgabe etc. Zudem finden sich weitere themenorientierte Aufgaben zum Lesetraining und Leseverstehen sowie zahlreiche Übungen zur Sprachbetrachtung und Rechtschreibung. Hier werden die INFO- und TIPP-KÄSTEN aus dem Schülerband als Gedächtnisstütze übersichtlich und wiederholend aufgegriffen.

Abgerundet wird das Arbeitsheft durch einen Grammatiktest sowie mehrere Kurztests zur Rechtschreibung, die wesentliche eingeübte Teilkompetenzen noch einmal aufgreifen und den Schülern die Möglichkeit geben, ihren Kenntnisstand zu überprüfen (z. B. *Prüfe dein Wissen über die Getrennt- und Zusammenschreibung!*).

Ein herausnehmbarer Lösungsteil ermöglicht eine eigenständige Korrektur. Ebenso wird die Portfolio-Arbeit unterstützt: Ein eingeheftter Bogen, der die aufgabentyporientierten Lerninhalte der jeweiligen Jahrgangsstufe abbildet (*Leitfaden*), leitet die Schüler an, für die einzelnen Teilkompetenzen eine Selbsteinschätzung vorzunehmen. Diese Selbstevaluation können die Schüler für bis zu drei Übungsphasen vornehmen, sodass Lernfortschritte oder noch bestehende Defizite offengelegt werden können. Auf

Zusatzmaterialien

diese Weise bietet das Portfolio den Lehrerinnen und Lehrern auch eine erste Grundlage zur individuellen Förderung. Zusätzlich findet sich im Arbeitsheft ein Zugriffscode, mit dem Schüler interaktive Übungen aus dem Internet herunterladen können. Die Aufgaben sind identisch mit dem Material der CD-ROM (s. unter 3.3).

3.3 Arbeitsheft mit CD-ROM
978-3-14-125177-7
Die CD-ROM bietet in übersichtlicher Form vielfältiges Übungsmaterial zu den Bereichen *Leseverstehen, Sprache betrachten* und *Richtig schreiben*. Das interaktive Übungsmaterial ermöglicht eine sofortige Fehlerrückmeldung an die Schülerinnen und Schüler.

3.4 Materialien für Lehrerinnen und Lehrer
978-3-14-290177-0
Die *Lehrermaterialien* liefern eine komplette Sammlung von kompetenten Materialien zur KLARTEXT-Reihe.

Jahresplan
Die tabellarische Übersicht für eine mögliche Jahresplanung erleichtert es den Lehrkräften, die Verteilung der Aufgabentypen über das Jahr hinweg im Vorfeld unkompliziert zu planen: Entscheidet die Fachkonferenz oder das Jahrgangsteam zum Beispiel, den schriftlichen *Aufgabentyp 4a) Einen literarischen Text untersuchen und bewerten* im Jahrgang 7 zu erarbeiten, so muss bei der Entscheidung für die Jahrgangsstufe 8 der *Aufgabentyp 4b) Informationen ermitteln, vergleichen und bewerten* seine Berücksichtigung finden. In beiden Jahrgängen der Schülerbände werden beide Aufgabentypen erarbeitet, sodass die Entscheidung je nach Affinität zum Themenbereich getroffen werden kann. So ist dennoch gewährleistet, dass die Vorgabe, alle Aufgabentypen innerhalb einer Doppeljahrgangsstufe zu berücksichtigen, eingehalten wird. Darüber hinaus bieten die Vorschläge für den schuleigenen Lehrplan der Lehrkraft eine Übersicht über sinnvolle Verknüpfungsmöglichkeiten sowohl zwischen dem Schülerband und den Zusatzmaterialien (Arbeitsheft und Kopiervorlagen aus dem Lehrerband) als auch zwischen den systematischen und thematischen Kapiteln im Schülerband selbst.

Diagnosebogen für Lernstandsentwicklung
Die Kopiervorlage zur Lernstandsentwicklung bietet der Lehrperson die Möglichkeit, für jede Schülerin und jeden Schüler mithilfe einer an den Kompetenzen ausgerichteten Matrix – auf unkomplizierte Weise – Notizen zur individuellen Lernstandsentwicklung vorzunehmen. Diese Notizen dienen in erster Linie als Diagnosegrundlage für weitere Fördermaßnahmen. Darüber hi-

naus können sie als fundierte Grundlage für Schüler- und Elterngespräche herangezogen werden.

Klassenarbeiten und Beurteilungsbögen
Des Weiteren werden im Lehrerband Vorschläge für Klassenarbeiten und dazugehörige Beurteilungsbögen angeboten. Die Klassenarbeiten sind analog zu den Kompetenz-Checks im Schülerbuch konzipiert, d. h. auf den jeweiligen Aufgabentyp und seine impliziten Teilkompetenzen zugeschnitten. In den Beurteilungsbögen sind die entsprechenden Teilkompetenzen in Bewertungskriterien transformiert. Die Lehrkraft kann diese Schablone jeweils als Erwartungshorizont nutzen und die Bewertungskriterien in Anpassung an den vorausgegangen Unterricht durch eine eigene Punkteverteilung individuell gewichten.

Differenzierungsmaterial
Das Differenzierungsmaterial im Lehrerband bietet der Lehrkraft die Möglichkeit, im Hinblick auf die Disposition der eigenen Lerngruppe zeitgleich und ohne großen Aufwand eine individuelle Förderung der Schülerinnen und Schüler vorzunehmen. Das Differenzierungsmaterial ist optional und individuell zur vorliegenden Arbeitsgrundlage des Schülerbandes einsetzbar, da es sowohl thematisch als auch konzeptionell kompatibel zu diesem ist. Dadurch kann es entweder anstelle einer vorgesehenen Aufgabe im Buch oder als sinnvolle Ergänzung eingesetzt werden. Eine eindeutige Zuordnung des Differenzierungsmaterials ist durch eine klare Ausweisung in der Kopfzeile gewährleistet: Hier werden sowohl die jeweilige Schülerbandseite als auch die entsprechende Aufgabe angegeben, zu der das Differenzierungsmaterial analog verwendet werden kann. Des Weiteren erfolgt eine Zuweisung zu den erforderlichen Kompetenzen in der Fußzeile analog zum Buch.

Diese unmittelbare Nähe zum Schülerband ermöglicht auch bei den Differenzierungsmaterialien die zielstrebige Erarbeitung der aufgabentypspezifischen Kompetenzen. Der besondere Nutzen hierbei besteht darin, dass das Material variable oder teilweise variable methodische Zugriffe im Vergleich zum Schülerband anbietet. Wenn ein Schüler z. B. Schwierigkeiten hat, Fragen zu einem Text zu beantworten, weil ihm die für die Erarbeitung erforderlichen Teilkompetenzen fehlen, wie z. B. durch selektives Lesen im Text die Sinnabschnitte zu finden, denen die relevanten Informationen entnommen werden können, kann die Lehrkraft gezielt auf seine individuellen Bedürfnisse eingehen und ihm das entsprechende Differenzierungsmaterial als Kopie zur Bearbeitung vorlegen (vgl. Seite 52 im Lehrerband). Auf dieser Differenzierungsseite sind die passenden Textausschnitte bereits vorgege-

Klartext 7   **Die Arbeit mit der KLARTEXT-Reihe**

ben, sodass die Informationsentnahme deutlich erleichtert wird. Darüber hinaus werden in der folgenden Aufgabe, in der die Schüler ihre Ansicht zu einem inhaltlichen Aspekt des Textes äußern sollen, mögliche Meinungen angeboten. Dadurch werden auch leistungsschwächere Schüler zur Auseinandersetzung mit dem betreffenden Thema und zur Meinungsäußerung angeregt.

Die Lehrkraft kann mithilfe der Differenzierungsmaterialien sowohl auf die Bedürfnisse von leistungsschwächeren als auch von leistungsstärkeren Schülerinnen und Schülern eingehen. Das Material für leistungsschwächere Schülerinnen und Schüler ist als *Differenzierungsmaterial A* gekennzeichnet und bezeichnet den Mindeststandard in Bezug auf eine eigenständige Umsetzung der impliziten Teilkompetenzen eines Aufgabentyps. *Differenzierungsmaterial C* hingegen kennzeichnet die Niveaustufe des Expertenstands und kann für leistungsstärkere Schüler herangezogen werden. Für den Schülerband selbst bildet das Niveau des Regelstandards den Maßstab für die Formulierung von Aufgabenstellungen, der Aufbereitung der Texte sowie der Art und Weise der Hilfestellungen und methodisch-didaktischen Anleitungen.

Dem immer wieder an das Prinzip der Binnendifferenzierung herangetragenen Vorwurf, Differenzierung führe im Ergebnis zu einer Selektion und nicht zu einer erwünschten Integration der Schülerinnen und Schüler, wird hier insofern entgegengewirkt, als durch die Möglichkeit einer analogen Verwendung eine funktionale Zusammenführung bzw. Integration der Lerngruppe in der Auswertungs- und Sicherungsphase auf der gleichen Wissensgrundlage möglich ist.

Zusatzmaterial
Des Weiteren werden im Lehrerband Kopiervorlagen als Zusatzmaterial angeboten. Dieses kann von der Lehrkraft gleichermaßen für den Unterricht im Klassenverband oder auch als Hausaufgabe eingesetzt werden. Es bietet sich ebenso für eine individuelle Förderung einzelner Schülerinnen und Schüler an. Dieses Material ist ebenfalls thematisch und hinsichtlich der Kompetenzförderung auf den Schülerband abgestimmt.

3.5 Rund um (2.0) Digitale Lehrermaterialien
3.5.1 als Online-Version: 978-3-14-360204-1
Die erprobte und bewährte Version der digitalen Lehrermaterialien „Rund um Klartext" (siehe 3.5.2) wird jetzt um das digitale Schulbuch ergänzt. Die neue Online-Version liefert einen digitalen Arbeitsplatz, der sowohl zur Unterrichtsvorbereitung als auch bei der Durchführung im Unterricht genutzt werden kann: Lehrerinnen und Lehrer finden im digitalen Schulbuch auf jeder Doppelseite das passende Material aus den Lehrermaterialien. Das digitale Schulbuch ist hoch-

aufgelöst und kann problemlos per Beamer im Klassenraum präsentiert werden.

3.5.2 als CD-ROM: 978-3-14-360177-8
Diese multimediale Ergänzung der KLARTEXT-Reihe hat das Ziel, Lehrerinnen und Lehrern eine optimale Unterrichtsvorbereitung zu ermöglichen. Die Rund-um-CD stellt die kompletten Lehrermaterialien in digitaler, Word zugänglicher und übersichtlicher Form zur Verfügung, sodass eine eigenständige Bearbeitung der Materialvorlagen durch die Lehrkraft möglich ist. Das erlaubt Lehrerinnen und Lehrern – über die Auswahl der Differenzierungs- und Zusatzmaterialien hinaus – ein passgenaues Zuschneiden ausgewählter Materialseiten auf die Bedürfnisse der eigenen Lerngruppe. Aber auch die Vorschläge für den schuleigenen Lehrplan, die Klassenarbeiten und Rückmeldebögen können modifiziert werden. Zur Gestaltung eigener Arbeitsblätter oder zur Präsentation über Beamer oder Folie werden ausgewählte Abbildungen aus dem Schülerbuch oder dem Lehrerband zur Verfügung gestellt.

Zusätzlich werden zahlreiche Übungen zur Vertiefung der Lerninhalte, editierbare Arbeitsblätter, Leistungsüberprüfungen und weitere Lehrermaterialien in digitaler Form angeboten. Ausgewählte Hör-Dateien zum Üben des Hörverständnisses, beispielsweise Gedichtvorträge, runden das Angebot ab.

4. Die Arbeit mit der KLARTEXT-Reihe
Ob die Lehrkraft Frontalunterricht, Einzel-, Partner- und Gruppenarbeit, offenen Unterricht, Freiarbeit oder generell kooperative Lernformen bevorzugt, kann sie anhand der Lerngruppen und der Themen selbst entscheiden. Die KLARTEXT-Reihe bietet durch den vernetzten und klar strukturierten Schülerband mit seinen durchgängigen Hilfestellungen und den vielseitig einsetzbaren Zusatzmaterialien generell die Möglichkeit, dass die Lernenden viele Aufgaben selbstständig bewältigen können und von der Lehrperson lediglich beratend begleitet werden. Darüber hinaus werden in den Aufgabenstellungen Hinweise dazu gegeben, in welcher Sozial- oder Arbeitsform diese erarbeitet werden können.

Durch die Arbeit mit der KLARTEXT-Reihe wird sichergestellt, dass die nach dem Kernlehrplan zu erwerbenden Kompetenzen kleinschrittig eingeführt und durch Wiederholen gesichert werden. Die Ausrichtung der thematischen Kapitel auf die Aufgabentypen ermöglicht eine fundierte, kumulativ aufgebaute Vorbereitung auf die Anforderungen in den Lernstandserhebungen und Abschlussprüfungen.

eingeführt und durch Wiederholen gesichert werden. Die Ausrichtung der thematischen Kapitel auf die Aufgabentypen ermöglicht eine fundierte, kumulativ aufgebaute Vorbereitung auf die Anforderungen in den Lernstandserhebungen und Abschlussprüfungen.

Klartext 7

Thema	Fachwissen / Kompetenzen	LM / AH	Richtig schreiben / Weiteres
mündl. AT 1b) – schriftl. AT 4b)	**Fachwissen (Kenntnisse und Fähigkeiten):** • Informationen aus Büchern und Medien (Internet) festhalten • Aussagen zu (dis-)kontinuierlichen Texten verfassen • Informationen aus unterschiedlichen Texten sammeln, ordnen und zueinander in Beziehung setzen • einen Informationstext schreiben • eine Beurteilung schreiben • Schaubilder auswerten • Aktiv- und Passivsätze untersuchen • nominalisierte Verben erkennen **Lernmethoden und Arbeitstechniken:** • ein Diagramm erstellen • einen Schreibplan erstellen • einen Broschürentext überarbeiten • eine Mindmap erstellen **Soziale und personale Kompetenz:** • Förderung von Kommunikationskompetenz: sachliche Informationsvermittlung KOMPETENZ-CHECK: Informationen aus Texten ermitteln, vergleichen und bewerten		**Richtig schreiben, S. 235:** Aus Verben können Nomen werden; **Computer im Unterricht,** S. 246/247: Das Internet als Informationsquelle nutzen; **Methoden und Arbeitstechniken,** S. 254/255: Gruppenpuzzle – arbeitsteilig arbeiten; S. 258/259: Diagramme auswerten
Eine Schulveranstaltung organisieren *schriftl. AT 5*	**Kompetenzschwerpunkt:** • einen vorgegebenen Text überarbeiten **Fachwissen (Kenntnisse und Fähigkeiten):** • einfache standardisierte Textformen kennen und verwenden • den Aufbau einer Anzeige kennenlernen • eine Anzeige gestalten • eine Anfrage formulieren • adressatenbezogen formulieren • sprachlich angemessen schreiben • Anredepronomen verwenden **Lernmethoden und Arbeitstechniken:** • eine Anfrage überarbeiten **Soziale und personale Kompetenz:** • Förderung von Kommunikationskompetenz: situations- und adressatengerecht formulieren KOMPETENZ-CHECK: eine Anfrage überarbeiten	LM: S. 41–46 AH: S. 21–24	
Dem Täter auf der Spur *schriftl. AT 2*	**Kompetenzschwerpunkt:** • in einem funktionalen Zusammenhang auf der Basis von Materialien einen sachlichen Bericht schreiben **Fachwissen (Kenntnisse und Fähigkeiten):** • Informationen aus Texten entnehmen • einen sachlichen Bericht schreiben • zu Texten Fragen entwickeln und beantworten • Texte sachlich formulieren • Groß- und Kleinschreibung von Zeitangaben	LM: S. 47–51 AH: S. 25–28	**Richtig schreiben, S. 236:** Groß- und Kleinschreibung von Zeitangaben

Lernmethoden und Arbeitstechniken:
- einen sachlichen Bericht überarbeiten
- einen Schreibplan anlegen

Soziale und personale Kompetenz:
- Förderung von Kommunikationskompetenz: sachliche Informationsvermittlung

KOMPETENZ-CHECK: über Ereignisse berichten

Thema	Inhalt	LM / AH	Hinweise
Für immer Freunde? *schriftl. AT 4a)*	**Kompetenzschwerpunkt:** • literarische Texte mithilfe von Fragen untersuchen **Fachwissen (Kenntnisse und Fähigkeiten):** • Fragen zu Texten beantworten • eine Inhaltszusammenfassung schreiben • eine Textuntersuchung schreiben • wörtliche Rede bei einer Inhaltszusammenfassung vermeiden • Kommasetzung bei Relativsätzen **Lernmethoden und Arbeitstechniken:** • ein Cluster anlegen • eine Textuntersuchung überarbeiten **Soziale und personale Kompetenz:** • Förderung von Empathiefähigkeit: sich mit literarischen Figuren auseinandersetzen KOMPETENZ-CHECK: einen Text untersuchen und bewerten	LM: S. 52–58 AH: S. 29–32	**Richtig schreiben,** S. 241: Kommasetzung bei Relativsätzen; **Methoden und Arbeitstechniken,** S. 256/257: „Verhüllte" Schreibkonferenz
Willkommen im Camp *mündl. AT 1a) – schriftl. AT 2*	**Kompetenzschwerpunkt:** • Beobachtungen sachgerecht vortragen • in einem funktionalen Zusammenhang auf der Basis von Materialien sachlich beschreiben **Fachwissen (Kenntnisse und Fähigkeiten):** • einen Standort beschreiben – Wegbeschreibung • eine Anleitung schreiben • einen Vorgang beschreiben • Arbeitsanweisungen formulieren • die Reihenfolge von Arbeitsschritten angeben (Verbindungswörter) • Fachwörter verstehen und nachschlagen **Lernmethoden und Arbeitstechniken:** • eine Vorgangsbeschreibung überarbeiten **Soziale und personale Kompetenz:** • Förderung von Kommunikationskompetenz: sachliche Informationsvermittlung KOMPETENZ-CHECK: einen Vorgang beschreiben	LM: S. 59–64 AH: S. 33–36	**Sprache betrachten,** S. 189/190: Aktiv – Passiv; **Methoden und Arbeitstechniken,** S. 256/257: „Verhüllte" Schreibkonferenz; S. 262/263: Im Wörterbuch nachschlagen; S. 264: Redewendungen und Wortbedeutungen nachschlagen
Von den Mächten der Natur *schriftl. AT 6*	**Kompetenzschwerpunkt:** • sich mit literarischen Texten produktionsorientiert auseinandersetzen **Fachwissen (Kenntnisse und Fähigkeiten):** • eine Ballade im szenischen Spiel erschließen • aus der Sicht einer literarischen Figur erzählen • einen Text aus der Perspektive einer Balladenfigur schreiben • Balladenmerkmale untersuchen	LM: S. 65–74 AH: S. 37–40	**„Und noch zehn Minuten bis Buffalo",** S. 174/175: Eine Szene durch Standbilder und Pantomime darstellen; **Richtig schreiben,** S. 221: Strategien für die Rechtschreibung

Klartext 7

				Computer im Unterricht, S. 246/247: Das Internet als Informationsquelle nutzen; S. 250: Eine Mindmap mit dem Computer erstellen; S. 251: Folien am Computer erstellen; S. 252/253: Präsentationsfolien gestalten
		LM: S. 75–77		LM: S. 78–82

- eine Ballade mit einem Zeitungsbericht vergleichen
- sprachliche Bilder unterscheiden
- eine Ballade gestaltend vortragen

Lernmethoden und Arbeitstechniken:
- ein Standbild gestalten
- eine Reihum-Geschichte erzählen
- ein Interview planen und durchführen
- einen Tagebucheintrag überarbeiten
- lyrische Texte für einen Vortrag vorbereiten (Betonung, Sprechpausen kennzeichnen)

Soziale und personale Kompetenz:
- Förderung von Fantasie, Kreativität sowie Empathiefähigkeit (perspektivisches Erzählen)

KOMPETENZ-CHECK: eine Ballade aus der Perspektive einer Figur wiedergeben

---

Krabat – vom Buch zum Film

Kompetenzschwerpunkt:
- ein Jugendbuch kennenlernen und mit der filmischen Umsetzung vergleichen

Fachwissen (Kenntnisse und Fähigkeiten):
- das Jugendbuch „Krabat" in Auszügen kennenlernen
- Fragen zu einem Jugendbuchtext beantworten
- den Aufbau eines Drehbuchs kennenlernen
- einen Romanauszug mit dem Drehbuchtext vergleichen
- Kameraeinstellungen im Hinblick auf ihre Wirkung untersuchen
- Filmausschnitte mit eigenen Vorstellungen vergleichen

Lernmethoden und Arbeitstechniken:
- Partnerlesen

Soziale und personale Kompetenz:
- Förderung der Medienkompetenz: verschiedene Medien miteinander vergleichen können

---

Das Geheimnis des Erfolgs
mündl. AT 1c)

Kompetenzschwerpunkt:
- kurze Referate vortragen

Fachwissen (Kenntnisse und Fähigkeiten):
- Informationsquellen nutzen
- sich durch überfliegendes Lesen orientieren
- Informationen auswerten und gliedern
- ein Referat anschaulich gestalten
- einen Vortrag mediengestützt präsentieren
- aufmerksam zuhören und Rückmeldungen geben

Lernmethoden und Arbeitstechniken:
- Ideen in einem Cluster sammeln
- eine Mindmap erstellen
- Präsentationsfolien erstellen
- einen Arbeitsplan anlegen
- einen Bewertungsbogen anlegen

Soziale und personale Kompetenz:
- die Wirkung der eigenen Person auf andere erproben: Kritikfähigkeit

Klartext 7

„Und noch zehn Minuten bis Buffalo" *mündl. AT 2a)*	**Kompetenzschwerpunkt:** • dialogische Texte gestaltend vortragen **Fachwissen (Kenntnisse und Fähigkeiten):** • eine Situation beschreiben • Rollen übernehmen und gestalten • Szenen entwickeln und vorspielen **Lernmethoden und Arbeitstechniken:** • Rollenkarten anlegen • einen Szenendialog entwickeln • ein Standbild gestalten • eine „Diashow" entwickeln • chorisches Sprechen einüben **Soziale und personale Kompetenz:** • Förderung von Empathiefähigkeit, Fantasie und Kreativität	LM: S. 83/84	
Sprache betrachten	**Fachwissen (Kenntnisse und Fähigkeiten):** • Wortarten und ihre Funktion • Satzverbindungen • Satzglieder und ihre Funktion im Satz • Wörter mit ähnlicher Bedeutung (Synonyme) • Redewendungen **Lernmethoden und Arbeitstechniken:** • ein Gruppenturnier durchführen • Texte mit dem ESAU-Verfahren überarbeiten • das Synonymwörterbuch *Thesaurus* anwenden • ein Brainstorming durchführen • eine Mindmap erstellen **Soziale und personale Kompetenz:** • Sprechabsichten erkennen und sprachlich angemessen darauf reagieren	LM: S. 85–109 AH: S. 41–60	**Richtig schreiben**, S. 241: Kommasetzung bei Relativsätzen; **Computer im Unterricht,** S. 250: Eine Mindmap mit dem Computer erstellen
Richtig schreiben	**Fachwissen (Kenntnisse und Fähigkeiten):** • Rechtschreibprobleme erkennen, Lösungsstrategien anwenden • Fremdwörter richtig schreiben • Getrennt- und Zusammenschreibung • Großschreibung • Zeichensetzung • das Wort *dass* **Lernmethoden und Arbeitstechniken:** • mit einer Rechtschreibkartei üben • Klopfdiktate durchführen • Texte mit der Rechtschreibhilfe am PC kontrollieren • mit dem Wörterbuch Lern- und Fremdwörter richtig schreiben **Soziale und personale Kompetenz:** • Förderung von Handlungskompetenz im Umgang mit Sprache: Rechtschreibung	LM: S. 110–125 AH: S. 61–76	**Sprache betrachten**, S. 202: Näher erläutern – Relativsätze; **Methoden und Arbeitstechniken**, S. 262/263: Im Wörterbuch nachschlagen; S. 264: Redewendungen und Wortbedeutungen nachschlagen

Klartext 7

Lernstandsentwicklung von _____ Klasse ____

Kompetenzen	Sommer–Herbst					Herbst–Weihnachten				
Sprechen und Zuhören	+	++	+ ++	++ ++	Bemerkungen	+	++	+ ++	++ ++	Bemerkungen
äußert sich artikuliert, verständlich, sach- und situationsangemessen										
erzählt intentional, situations- und adressatengerecht										
präsentiert Informationen in kürzeren Redebeiträgen mediengestützt										
trägt Wünsche und Forderungen angemessen vor										
äußert Gedanken, Wünsche, Forderungen strukturiert und angemessen										
trägt den eigenen Standpunkt begründet vor										
beteiligt sich sachbezogen und ergebnisorientiert an Gesprächen										
hört anderen konzentriert zu										
gibt den Inhalt gesprochener Texte in Stichwörtern/Sätzen wieder										
trägt Texte sinngebend und gestaltend vor										
erschließt sich literarische Texte in szenischem Spiel										
Schreiben	+	++	+ ++	++ ++	Bemerkungen	+	++	+ ++	++ ++	Bemerkungen
plant Texte (Cluster, Mindmap, Schreibplan)										
beherrscht Schreibformen des Erzählens										
beherrscht die Schreibform des Berichtens										
beherrscht die Schreibform des Beschreibens										
beherrscht argumentierende Texte										
beherrscht appellative Texte										
stellt Ergebnisse einer Textanalyse im geschlossenen Text dar										
überarbeitet Texte inhaltlich und sprachlich										
Umgang mit Texten und Medien	+	++	+ ++	++ ++	Bemerkungen	+	++	+ ++	++ ++	Bemerkungen
nutzt Informationsquellen										
wendet Lesemethoden bei Sachtexten an										
entnimmt diskontinuierlichen Texten Informationen und zieht Schlüsse daraus										
wendet Lesemethoden bei erzählenden Texten an										
wendet Verfahren der Textuntersuchung an: Inhaltsangabe …										
kennt Merkmale von Balladen										
gestaltet Texte produktionsorientiert										
Reflexion über Sprache	+	++	+ ++	++ ++	Bemerkungen	+	++	+ ++	++ ++	Bemerkungen
kennt Wortarten und gebraucht diese richtig										
beschreibt Satzstrukturen mithilfe von Satzgliedern										
wendet grammatische Proben an										
beherrscht Grundregeln der Rechtschreibung und Zeichensetzung										
wendet Rechtschreibstrategien an										
nutzt Nachschlagewerke										

Klartext 7

Schuljahr ____

Weihnachten – Ostern   Ostern – Sommer

+	++	+/++	++/++	Bemerkungen	+	++	+/++	++/++	Bemerkungen	
										Sprechen und Zuhören

+	++	+/++	++/++	Bemerkungen	+	++	+/++	++/++	Bemerkungen	
										Schreiben

+	++	+/++	++/++	Bemerkungen	+	++	+/++	++/++	Bemerkungen	
										Umgang mit Texten und Medien

+	++	+/++	++/++	Bemerkungen	+	++	+/++	++/++	Bemerkungen	
										Reflexion über Sprache

Sich im Internet und beim Chatten schützen

Chatroom-Falle
Helen Vreeswijk

Mit Gebäck und Limo setzten sich die Mädchen erwartungsvoll vor den Computer. Floor öffnete ihre Mailbox und bekam Herzklopfen, als sie sah, dass Fabian geschrieben hatte.
Hallo Floor,
Erik hat mich gefragt, ob ich am Samstag mit nach Herzogenbusch komme. Erst hatte ich keine Lust,
5 *aber dann habe ich dein Foto gesehen ... Ich würde dich gern kennenlernen. Bis Samstag.*
Fabian
Mit vor Aufregung geröteten Wangen knabberte Floor an ihren Fingernägeln. „Jetzt muss ich ihm zurückschreiben, oder? Was soll ich bloß antworten? Ich kenne Fabian doch gar nicht."
„Ganz einfach: dass dir sein Foto auch gefallen hat und dass du ... Los, rutsch mal! Ich mach das
10 schon."
Rasend schnell tippte Marcia eine Antwort. „Wird allmählich Zeit, dass du lernst, wie das mit den Jungs läuft. Du musst selbstbewusst sein! Mit deinen ganzen Komplexen vergraulst du sie nur."
Floor machte eine gekränkte Miene, sodass Marcia ihre Bemerkung sogleich bereute.
„Komm, wir sehen mal nach, ob du schon ein paar Verehrer hast", sagte sie rasch, um Floor
15 versöhnlich zu stimmen. Marcia klickte Floors Profil auf der Flirtsite an und zählte die eingegangenen Nachrichten.
„Sieben! Ich hab's dir ja gesagt!" Marcia las die erste Nachricht laut vor:
Ich heiße Tim und bin 16. Gutes Foto. Wie ich sehe, stehst du auf Motocross. Finde ich cool! Fährst du auch selber? Ich bin eher Skater.
20 Die Mädchen betrachteten das mitgeschickte Foto. „Seine Frisur ist irgendwie doof", meinte Marcia. „Und außerdem ist er erst sechzehn."
„Und wir fünfzehn!", erinnerte sie Floor. „Er ist wenigstens ehrlich."
„Oder auch nicht. Vielleicht ist er in Wirklichkeit erst zwölf. Was soll ich ihm antworten?"
„Was Nettes. Schreib, dass ich Skaten auch gut finde."
25 „Soll ich fragen, wo er wohnt?"
„Ja. Und in welche Schule er geht und ob er auch ein Profil hat."
„Siehst du, dir fallen ja doch Fragen ein. Noch ein bisschen üben, dann hast du's drauf." [...]
Ein Signal ertönte und gleich darauf erschien die Meldung, dass Badman Kontakt suchte. Marcia schob Floor die Tastatur hin. Ein wenig widerwillig
30 klickte sie den Nickname an.
Hallo, Süße! Super Foto. Was machst du denn gerade?
:-)
Nachsehen, ob nette Jungs hier sind.
Bin zur Stelle. :-D
35 *Wie alt bist du?*
18. Und du?
15 ...
„Mist! Jetzt hab ich aus Versehen mein richtiges Alter angegeben!", stöhnte Floor.
40 „Mal abwarten, wie er reagiert."
15? In deinem Profil steht aber 17.
Tut mir leid, das ist falsch.
Kein Problem. Bist du an einem Sexdate interessiert?
Nein, auf keinen Fall!
45 *Dann tschüs.* [...]

Zusatzmaterial

Klartext 7
Seite 12/13

Marcia deutete auf den Bildschirm: „Hast du die Nachricht hier schon gesehen? Sie ist von *Make It*, einer Modelagentur."

Hallo, Xandra,

wir sind durch dein Foto auf dich aufmerksam geworden. Unsere Agentur sucht ständig neue
50 *Gesichter für Modefotos in Mädchenzeitschriften. Dir ist sicherlich bekannt, dass es auch unseriöse Fotografen und Agenturen in unserer Branche gibt. Du kannst dir einen Eindruck von der Seriosität unserer Firma verschaffen, indem du dir unsere Website ansiehst. Wir zählen zu den Profis in der Branche und machen nur Fotos auf professionellem Niveau.*

Wenn du Interesse an einer Zusammenarbeit hast, freuen wir uns auf eine Mail an die unten genannte
55 *Adresse.*

Mit freundlichen Grüßen
Hans Groesbeek
Geschäftsführer
Modelagentur Make It

60 Die Mädchen hatten kaum zu Ende gelesen, als schon wieder zwei Namen aufblinkten.
„Floor, das ist fantastisch! Das musst du unbedingt machen. Ach, ich würde ja auch so gern ..."
Floor gab sich gleichgültig. „Mal sehen. Wenn ich Zeit hab, seh ich mir die Website heute Abend an."

[aus: Vreeswijk, Helen: Chatroom-Falle, Loewe: Bindlach 2009, S. 45–52]

1 Welchen Tipp gibt Marcia Floor für den Umgang mit Jungen per Mail und im Chat?
Kreuze die richtige Antwort an.

A Sie soll sich so darstellen, wie sie wirklich ist. ☐
B Sie soll selbstbewusst sein. ☐
C Sie soll kleine Schwächen offen zugeben. ☐
D Sie soll möglichst wenige Informationen über sich preisgeben. ☐

2 Wie alt ist Floor – im Chatroom und in Wirklichkeit? Kreuze die richtige Antwort an.

A Floor behauptet im Chatroom, sie sei 17, ist aber in Wirklichkeit 15 Jahre alt. ☐
B Floor gibt im Chatroom ihr wirkliches Alter von 16 Jahren an. ☐
C Floor behauptet im Chatroom, sie sei 12, ist aber in Wirklichkeit 16 Jahre alt. ☐

3 Wie schätzt du Floors Kontakte jeweils ein – könnten sie „zur Falle" für sie werden?
Kreuze an und begründe deine Antwort in Stichworten.

Kontakte	Ja	Nein	Begründung
Fabian			
Tim			
Badman			
Modelagentur *Make It*			

Unsere Klasse im Netz | 3.3.5 Texte audiovisueller Medien auf ihre Intention hin untersuchen **22**

Klartext 7
Seite 14

Zusatzmaterial

Freundschaft im Schülernetzwerk – eine Fish-Bowl-Diskussion

Aysegül: Das Thema unserer Fish-Bowl-Diskussion ist Freundschaft, besonders die Frage: „Was heißt Freundschaft in Schülernetzwerken?" Auf Sebastians Profil ist zu lesen, dass er 1345 Freunde hat. Ich glaube nicht, dass man so viele Freunde haben kann. Wer möchte dazu etwas
5   sagen?
Iwona *(geht in den inneren Kreis):* Freundschaft ist für mich sehr wichtig. Ich habe auch sehr viele Freunde. In meiner Liste im Schülernetzwerk habe ich über 600 Freunde. Ich schreibe …
Adrian *(unterbricht sie, ruft von außen rein):* Aber die kennst du doch alle
10   gar nicht.
Aysegül: Adrian, setz dich in die Mitte, wenn du etwas beitragen willst.
Adrian: Ach, nee. Ich bleib hier.
Iwona: Um noch mal auf meine Liste zurückzukommen. Doch natürlich kenne ich die.
Aysegül: Wirklich? Was meinen die anderen?
15   **Viktoria** *(meldet sich):* Darf ich etwas sagen?
Aysegül: Ja, klar. Setz dich auf einen freien Stuhl.
Viktoria *(geht in den inneren Kreis):* Ich denke, man muss unterscheiden zwischen Freundschaft und Kennen. Nicht alle, die ich kenne und die in meiner Liste sind, sind meine Freunde.
Xenia *(geht in den inneren Kreis):* Das sehe ich auch so. Nicht alle, die ich kenne, kenne ich richtig
20   oder mag ich auch.
Iwona *(geht aus dem inneren Kreis)*
Michael *(ruft laut rein):* Du weißt doch gar nicht, was du willst.
Serda *(während er in den inneren Kreis geht):* Meine Freunde treffe ich jeden Tag. Sonst sind sie keine Freunde von mir.
25   **Aysegül:** Wo triffst du denn deine Freunde?
Serda *(zu Aysegül):* An der Bushaltestelle.
Aysegül: Ich treffe meine Freunde beim Jugendtreff.
Xenia: Ich finde, darum geht es jetzt nicht. Das ist nicht unser Thema. Wir wollten doch über Freundschaft reden und nicht, wo wir unsere Freunde treffen. Freundschaft bedeutet für mich, dass
30   ich mich auf meine Freunde verlassen kann. Sie sollen da sein, wenn ich sie brauche. Ich frage mich, ob das im Internet auch geht.
Viktoria *(kommt wieder in den inneren Kreis):* Ja, ich denke schon. Wenn ich dort meinen Freunden ein Problem schildere, dann bekomme ich auch eine Antwort.

1 Untersuche den Ablauf dieser Fish-Bowl-Diskussion. Lies dazu den TIPP auf Seite 14 im Schülerband und mache dir Notizen.
   – Was lief gut?
   – Was sollte bei der nächsten Diskussion anders sein?
   – Wie verhält sich die Moderatorin in dieser Diskussion?

2 Markiere in unterschiedlichen Farben Textstellen, die Auskunft über das Gesprächsverhalten der Schüler in dieser Diskussion geben:
   – Wo reden Schüler zum Thema und diskutieren sachlich miteinander?
   – Wo schweift jemand vom Thema ab oder äußert sich unsachlich?
   – Wo gehen Schüler aufeinander ein und fördern das Gespräch?

Unsere Klasse im Netz | 3.1.7 Sich an einem Gespräch sachbezogen beteiligen   **23**

Differenzierungsmaterial A

Klartext 7
Seite 20
Aufgabe 1/2

Wie stehst du zu dem Problem? – Zu einer Meinung kommen (I)

1 Der Schülerredakteur Peter hat zur Vorbereitung auf die Redaktionssitzung Marcs Problem zusammengefasst. Außerdem hat er auf Papierstreifen notiert:
– Begründungen, warum Marc sein Verhalten unproblematisch findet,
– Begründungen, die gegen Marcs Verhalten sprechen.
a) Überprüfe, ob Peters Zusammenfassung des Briefes stimmt. Korrigiere sie gegebenenfalls und formuliere sie um.

> Marc spielt gern und häufig Killerspiele. Deswegen nerven seine Eltern; seine Freunde meckern. Nun fragt er uns, ob er wirklich zu viel Zeit am Computer verbringt.

b) Ordne Peters Papierstreifen der jeweils passenden Tabelle zu.

| Spaß an Computerspielen | | zu wenig Bewegung | | keine Freude mehr am Fußballtraining |

| andere spielen noch viel mehr | | man ist in der Freizeit beschäftigt | | zu wenig frische Luft |

| 10 Mio. Menschen spielen das Spiel | | in andere Welt abtauchen, vom Alltag abschalten |

| schlechtere Leistungen und Konzentrationsfähigkeit in der Schule |

Deshalb findet Marc sein Verhalten unproblematisch:	**Mein Kommentar:**	**ÜP**

Das spricht gegen Marcs Verhalten:	**Mein Kommentar:**	**ÜP**

c) Prüfe die Begründungen. Welche findest du überzeugend, welche nicht? Halte deine Ergebnisse in der Kommentarspalte fest.
d) Verteile in der letzten Spalte Überzeugungspunkte (ÜP).

2 Werte deine ausgefüllten Tabellen aus: Wie beurteilst du Marcs Begeisterung für Computerspiele? Begründe deine Meinung vor der Klasse.

Kummerkasten | 3.3.3 Texten Informationen entnehmen

Klartext 7
Seite 21
Aufgabe 4 – 6

Differenzierungsmaterial A

Wie stehst du zu dem Problem? – Zu einer Meinung kommen (II)

4 Findet euch in Vierergruppen zu einer Redaktionssitzung zusammen.

a) Sammelt mithilfe eines Placemats (siehe TIPP, Schülerband, S. 21) Begründungen für und gegen Marcs Standpunkt. Die eine Hälfte der Klasse arbeitet zu der Fragestellung „Was spricht für Marcs Standpunkt?", die andere Hälfte zu der Fragestellung „Was spricht gegen Marcs Standpunkt?".
Das nachfolgende Material kann euch dabei helfen, Argumente zu finden. Allerdings müsst ihr zunächst die richtigen Argumente für eure Fragestellung heraussuchen. Markiert dazu die Argumente farbig (für = grün; gegen = blau).

Vereinsamung – zunehmende Schwierigkeit, zwischen Wirklichkeit und virtueller Welt zu unterscheiden – Schulung komplexer Denkprozesse - Umgang mit dem Computer wird geübt – bei Online-Spielen kann man Freunde finden – Suchtverhalten wird ausgelöst – Verhalten in einer virtuellen Gemeinschaft wird geschult – Kontakte sind einseitig und auf das Spiel beschränkt – Zusammengehörigkeit erleben – man kann sich seine Wunschidentität bauen – Computerspiele können Gewaltbereitschaft erhöhen – Strategietraining – man wird abgestumpft in der Wahrnehmung der äußeren Welt – praktische Fähigkeiten werden kaum trainiert – man vernachlässigt die eigenen Pflichten (Hausaufgaben ...)

b) Schneidet eure Gruppenergebnisse (Mitte des Placemats) aus und heftet sie an die Tafel.

5 **a)** Lies die Argumente für und gegen Marcs Standpunkt und überlege, welcher Seite du dich anschließen kannst.

b) Übertrage den Argumentationsplan von der Seite 22 im Schülerband in dein Heft und notiere darin deinen Standpunkt. Damit kannst du deinen Brief an Marc planen.

6 **a)** Welche Argumente aus den Placemats unterstützen deinen Standpunkt am besten? Verteile 1, 2 oder 3 Überzeugungspunkte (3 Punkte für das überzeugendste Argument).

b) Nachfolgend findest du Erläuterungen und Beispiele, die einige Argumente veranschaulichen. Ordne sie den passenden Argumenten zu.

Viele der Aufgaben kann man nur lösen, indem man mit anderen Spielerfiguren kooperiert.

Ich habe vor Kurzem in der Zeitung gelesen, dass Killerspiele Aggressionen auslösen und gewalttätiges Verhalten fördern.

Freundschaften müssen gepflegt werden; wenn man die Freunde zu sehr vernachlässigt, steht man irgendwann alleine da.

So ist mein Freund Jonas z. B. unkonzentriert, gereizt und unwirsch, wenn er mal einen Tag nicht Computer spielen darf.

Die Spielergemeinschaft von „World of Warcraft" hat z. B. eine eigene Sprache entwickelt, die Nicht-Zocker kaum verstehen.

c) Entwickle für deine drei besten Argumente Erläuterungen oder Beispiele und trage sie in deinen Argumentationsplan ein.

Kummerkasten | 3.1.6 Einen eigenen Standpunkt begründen

Differenzierungsmaterial C

Klartext 7
Seite 25–27

Für und gegen Markenkleidung – einen argumentierenden Brief schreiben

Liebe _____,

in deinem Leserbrief fragst du, ob _____

_____

Wir sind der Meinung, dass _____

Denn _____

Wie du vielleicht schon gehört hast, _____

_____

Außerdem _____

_____

So habe ich vor Kurzem _____ gelesen, dass _____

_____

Bedenke schließlich auch, dass _____

_____

Wenn du _____ wie z. B. meine Freundin _____

_____

Wenn du hingegen befürchtest, wegen _____,

dann _____

_____

Somit möchte ich dich ermutigen, _____

_____

Lass dich _____

_____

Viele Grüße

_____

Kummerkasten | 3.2.4 Sich argumentativ mit einem Thema auseinandersetzen

Klartext 7
Seite 25–27

Differenzierungsmaterial C

1 Sarah ist Schülerredakteurin. Sie hat einen Antwortbrief an Franziska entworfen. Mit diesem möchte sie Franziska bestärken, sich dem Markenkleidungsdruck zu widersetzen. Die Redaktionsmitglieder überarbeiten Sarahs Entwurf, deswegen haben sie große Textteile gelöscht. Fülle die Lücken sinnvoll aus.

a) Vergegenwärtige dir zunächst, an wen sich der Brief richtet, welches Problem den Adressaten bewegt, was der Adressat erreichen will.

b) Trage daraufhin drei überzeugende Argumente mit Erläuterung oder Beispiel zusammen. Beachte dazu die Hinweise im TIPP *So kannst du deine Argumente glaubwürdig veranschaulichen.*

c) Bringe dann die Argumente in eine sinnvolle Reihenfolge, sodass du sie in die Textlücken einfügen kannst.

d) Um den Brief besonders überzeugend zu gestalten, benötigst du nun noch ein Gegenargument, das du entkräften kannst. Gehe dabei vor, wie im TIPP *So entkräftest du ein Gegenargument* beschrieben, und ergänze den Lückentext.

e) Fülle die letzten beiden Großlücken aus, indem du deine Position abschließend betonst.

TIPP

So kannst du deine Argumente glaubwürdig veranschaulichen:
Um deine Argumente zu stützen, musst du möglichst überzeugende Beispiele oder Erläuterungen finden. Dies kann sein:
– ein Beispiel aus deinem eigenen Erfahrungsbereich: *Meine Freundin Sina trägt stattdessen ausgefallene Kleidung aus dem Secondhandshop.*
– ein Beispiel aus der Zeitung
– nachvollziehbare Erläuterungen, warum es sinnvoll oder nicht sinnvoll ist, etwas zu tun.

TIPP

So entkräftest du ein Gegenargument:
Du überzeugst deinen Adressaten umso leichter, wenn du auch auf ein mögliches Argument eingehst, das gegen deinen Standpunkt spricht.
Entkräften bedeutet, ein Gegenargument oder einen Einwand infrage zu stellen oder abzuschwächen:

1. Du kannst ein Gegenargument entkräften, indem du die positive Seite deines Standpunktes hervorhebst:
Natürlich besteht die Gefahr, dass … Aber dafür kannst du …

2. Du kannst ein Gegenargument auch dadurch entkräften, indem du einen anderen Vorschlag machst:
Wenn du Angst hast, dass du zum Außenseiter wirst, kannst du deine Freunde vielleicht dadurch beeindrucken, dass du …

Differenzierungsmaterial A

Klartext 7
Seite 29

Einen argumentierenden Brief überarbeiten

Liebe Melina,

in deinem Brief schreibst du uns, dass du in den Sommerferien in ein
Feriencamp reisen sollst, wozu du aber keine Lust hast. Wir würden dir
dringend raten, mitzufahren.

5 In einem Feriencamp kannst du viele neue Erfahrungen machen. Manche
Unternehmen bieten Naturcamps an, in denen man erfährt, wie luxuriös
unser alltägliches Leben eigentlich ist. Dann bekommen viele Dinge, die du
jetzt als selbstverständlich ansiehst, einen ganz neuen Wert. Außerdem
kann man in einem Feriencamp wirklich viele interessante Leute kennen-
10 lernen, wie deine Mutter das schon bemerkt hat. Und wenn du schreibst,
dass du von der Schule entspannen musst, dann verstehe ich das sehr gut,
aber vielleicht geht das während einer Reise besser als zu Hause, weil die
Schule nicht in der Nähe ist.

Ich hoffe, dass du dem Feriencamp gegenüber jetzt aufgeschlossener bist
15 und dich entschließen kannst, mitzufahren.

Mareike Küppers

Wer möchte, dass Melina in ein Camp fährt?

Argumente durch Absätze gliedern

ein Beispiel ergänzen

---

2 Mareike hat in der Schülerredaktion einen Antwortbrief an Melina entworfen.
   a) Markiere in Mareikes Brief die Antworten auf folgende Fragen:
      – Welchen Standpunkt vertritt sie?
      – Welche Argumente nennt Mareike?
      – Welche Beispiele oder Erläuterungen führt sie an, um ihre Argumente zu
        veranschaulichen?
   b) Trage die Angaben in deinen Argumentationsplan ein.
   c) Überprüfe mithilfe der CHECKLISTE (Schülerband, S. 29), an welchen Stellen der Brief
      überarbeitet werden muss. Setze die Notizen am Rand des Briefes fort und trage die
      fehlenden Angaben in deinen Argumentationsplan ein.

3 Überarbeite mithilfe der Anmerkungen am Rand und des Argumentationsplans Mareikes
   Brief.

Kummerkasten | 3.2.1 Schreibprozess: Textüberarbeitung

Klartext 7
Seite 26/27

Zusatzmaterial

Argumente veranschaulichen – Gegenargumente entkräften

1 Die Redaktion der Schülerzeitung hat kurz vor den großen Ferien ihre Mitschüler befragt, was sie von einem Familienurlaub halten. In den Sprechblasen unten findest du einige Antworten.

a) Wähle drei Antworten aus, formuliere sie zu Argumenten um und veranschauliche sie durch ein Beispiel oder eine Erläuterung. Lies dazu den TIPP im Schülerband auf Seite 26.
Z. B.: *Wer mit der Familie in Urlaub fährt, kann viel Spaß haben. Wir spielen z. B. häufig „Tabu" und lachen sehr, wenn mein Vater etwas pantomimisch darstellt.*

b) Suche dir drei Antworten aus, die dich nicht überzeugen. Formuliere sie als Gegenargumente und entkräfte sie dann. Lies dazu den TIPP im Schülerband auf Seite 27.
Z. B.: *Familienurlaube können zwar anstrengend sein, weil man auf engem Raum viel Zeit miteinander verbringt. Jedoch werden sie zu einem tollen Gemeinschaftserlebnis, wenn jeder seine Wünsche äußern darf.*

Mir macht es Spaß, mit meinen Eltern und Brüdern in Urlaub zu fahren. Abends spielen wir häufig „Tabu". Das ist total lustig!

Ich finde Familienurlaub klasse – super Hotels und mein Vater hat endlich mal Zeit für mich!

In unserem letzten Familienurlaub hatte meine Mutter ihren neuen Typen dabei. Die ganze Zeit hatte sie nur Augen für ihn. Meine Schwester und ich hätten genauso gut zu Hause bleiben können.

Der letzte Familienurlaub war purer Stress, ständig haben meine Schwester und ich gestritten. Dann ist meine Mutter auch noch ausgerastet.

Wenig. Ich würde am liebsten mit meinem Freund in Urlaub fahren, aber das würden meine Eltern nie erlauben.

Grauenvoll. Meine Eltern machen immer im Ausland Urlaub. Da verstehe ich kein Wort.

Ich finde Familienurlaub nicht schlecht, aber Sinja, meine beste Freundin, wird mir fehlen. Zu Hause treffe ich sie jeden Tag – und wenn wir auseinandergehen, telefonieren wir gleich wieder.

Familienurlaube sind total anstrengend. Meine Eltern schleifen mich von Museum zu Museum. Dabei würde ich viel lieber faulenzen, im Schwimmbad liegen und Freunde treffen.

Ich liebe Familienurlaube. Wir fahren meistens nach Frankreich: Da gibt es tolles Essen und ich mag den Klang der Sprache. Außerdem sehen wir uns immer schöne Städte an, das macht Spaß.

Kummerkasten | 3.2.4 Sich argumentativ mit einem Thema auseinandersetzen

Klassenarbeit

Klassenarbeit: eine Argumentation zu einem Sachverhalt verfassen

Name: _____   Datum: _____

Carmen (13):
Null Bock auf Familienurlaub!
Meine Eltern wollen mich in diesen Sommerferien schon wieder in den Familienurlaub mit-
schleppen. Dabei habe ich überhaupt keine Lust darauf. Der letzte Sommerurlaub war einfach
5   grauenvoll. Es begann schon mit der Hinfahrt: Meine kleine Schwester kotzte während der
ganzen Reise.
Aber auch die Tage in Florenz waren ein Graus. Meine Eltern zerrten uns von einer Kirche zur
anderen. Zur Abwechslung erlaubten sie uns einen Museumsbesuch – total ätzend. Mein Bruder
ärgerte aus lauter Langeweile dauernd mich und meine kleine Schwester, bis diese zu weinen
10 anfing. Meine Eltern meinten dann auch noch, ich hätte die Kleine gestoßen, und schimpften total
mit mir. So ging das die ganze Zeit.
Früher war der Familienurlaub ja ganz nett. Da haben wir viel gemeinsam gespielt und gelacht –
und mein Vater hatte endlich mal Zeit für uns.
Aber heute ist es einfach nur schrecklich, mit der Familie zu verreisen. Ich würde viel lieber zu
15 Hause faulenzen und mich mit meinen Freunden treffen. In Italien kann ich nicht einmal mit den
Leuten sprechen und so auch niemanden kennenlernen. Vor allem weiß ich nicht, wie ich es ohne
meine beste Freundin Nicole drei Wochen lang aushalten soll.
Was meint ihr? Soll ich gegenüber meinen Eltern durchsetzen, diesen Sommer alleine zu Hause
zu bleiben?

1 Du sollst Carmen durch einen Antwortbrief davon überzeugen, mit ihrer Familie in den Urlaub
zu fahren.
   a) Lege einen Argumentationsplan an, in dem du folgende Punkte festhältst:
   – Nenne deinen Adressaten.
   – Notiere, welches Problem dein Adressat hat.
   – Mache dir klar, was dein Adressat erreichen will.
   – Notiere deinen Standpunkt.
   – Nenne drei überzeugende Argumente, die Carmen ermutigen können, mit ihrer Familie
   in den Sommerurlaub zu fahren.
   – Finde zu jedem Argument ein anschauliches Beispiel oder eine sinnvolle Erläuterung.
   – Was könnte Carmen davon abhalten, mit ihrer Familie in den Urlaub zu fahren? Greife
   ein Gegenargument auf und entkräfte es.
   – Wiederhole am Ende noch einmal nachdrücklich deinen Rat an Carmen.
   b) Schreibe mithilfe deines Argumentationsplans den Antwortbrief an Carmen.
   Gliedere deinen Brief in Einleitung, Hauptteil und Schluss. Achte darauf, dass du Carmen
   durchgehend direkt ansprichst; schreibe höflich und vermeide Umgangssprache.

2 Überprüfe nach dem Schreiben, ob du alle Punkte aus Aufgabe 1 berücksichtigt hast.
Kontrolliere Rechtschreibung, Zeichensetzung und Grammatik. Überarbeite deinen Brief und
schreibe ihn, falls nötig, noch einmal ab.

Kummerkasten | Aufgabentyp 3: Eine Argumentation zu einem Sachverhalt verfassen

Klartext 7
Seite 30

Beurteilungsbogen

Eine Argumentation zu einem Sachverhalt verfassen – das konntest du

1 Du hast deinen Argumentations-plan **angelegt** und dafür		**Punkte**
	deinen Adressaten genannt;	
	das Problem deines Adressaten notiert;	
	das Ziel des Adressaten festgehalten;	
	deinen Standpunkt notiert;	
	ein erstes überzeugendes Argument genannt und durch ein anschauliches Beispiel/eine sinnvolle Erläuterung belegt;	
	ein zweites überzeugendes Argument genannt und durch ein anschauliches Beispiel/eine sinnvolle Erläuterung belegt;	
	ein drittes überzeugendes Argument genannt und durch ein anschauliches Beispiel/eine sinnvolle Erläuterung belegt;	
	ein Gegenargument angeführt und entkräftet;	
	deinen Rat abschließend zusammengefasst und ihm Nachdruck verliehen.	
2 Du hast deinen argumentieren-den Brief **geschrieben** und **überarbeitet**. Er erfüllt nun die folgenden Kriterien: Du hast		
	die Briefform beachtet (Anrede, Grußformel);	
	deinen Brief in Einleitung, Hauptteil und Schluss gegliedert (Absätze);	
	deinen Adressaten direkt angesprochen und dadurch zu überzeugen versucht;	
	alle geforderten Aspekte des Argumentations-plans in ganzen Sätzen und sinnvoller Reihenfolge dargelegt.	
3 Du hast dich in deinem argu-mentierenden Brief **sprachlich richtig ausgedrückt**, das heißt,		
	höflich geschrieben und Umgangssprache vermieden;	
	Sätze sinnvoll verknüpft;	
	die Anredepronomen richtig geschrieben;	
	Rechtschreibung, Zeichensetzung und Gram-matik beachtet.	

Insgesamt hast du _____ von _____ Punkten erreicht.

Das ergibt die Note: _____

Kummerkasten | Aufgabentyp 3: Eine Argumentation zu einem Sachverhalt verfassen

Differenzierungsmaterial A

Klartext 7
Seite 41
Aufgabe 2

Jugendfeuerwehr – Informationen auswerten

Jugendfeuerwehr	Text A	Text B	Text C
Tätigkeiten (Text A, B, C)			
Gründung (Text B)			
Abzeichen (Text B)			
Mitgliederzahlen (Text B)			
Aufnahme (Text C)			
Treffen (Text C)			

2 **a)** Halte die Informationen aus den Texten A bis C in der Tabelle fest. In den Klammern stehen Hinweise, in welchem Text du die entsprechenden Informationen findest.

b) Vergleiche mithilfe der Tabelle die gesammelten Informationen. Sortiere gleiche Informationen aus, indem du sie durchstreichst.

Für andere da sein | 3.3.1 Informationen entnehmen und zueinander in Beziehung setzen

32

© 2010 Westermann, Braunschweig • ISBN 978-3-14-290177-0

Klartext 7
Seite 41
Aufgabe 2

Differenzierungsmaterial C

Jugendfeuerwehr – Informationen auswerten

D Ein Abend bei der Jugendfeuerwehr-Übung

Die Jugendfeuerwehr ist ein Teil der freiwilligen Feuerwehr. Jugendliche trainieren, um später Brände zu löschen und Menschen zu retten. Ihre Kenntnisse und Fähigkeiten können sie bei verschiedenen Prüfungen testen, für die sie jeweils ein Abzeichen erhalten. Um mir eine Einsatzübung anzusehen, habe ich die Jugendfeuerwehr Neuendettelsau einen Abend begleitet.

5 Dienstag, 19 Uhr. Die Jungs von der Jugendfeuerwehr machen sich bereit für die Feuerwehrübung. Als Erstes müssen sie ihre Uniform anziehen. Dazu gehören Blaumann und Jacke, Schutzstiefel, Lederhandschuhe und Helm. Alle notwendigen Materialien wie Schläuche und Lampen werden ins Feuerwehrfahrzeug gepackt und los geht's zum Übungsplatz.

Heute wird für die Abzeichenprüfung zur sogenannten Deutschen Jugendleistungsspange trainiert. Um
10 die Prüfung zu bestehen, muss die Gruppe ihre Fähigkeiten in Schnelligkeit, Ausdauer, Teamwork, Kugelstoßen, Staffellauf und einer Einsatzübung unter Beweis stellen. Außerdem müssen die zukünftigen Feuerwehrmänner auch theoretische Fragen beantworten, wobei sich Allgemeinwissen und Spezialfragen zum Thema Feuerwehr ergänzen.

Auf dem Trainingsprogramm stehen heute eine Einsatz- und eine Schnelligkeitsübung. Zuerst werden
15 alle Materialien bereitgelegt. Der Gruppenführer erklärt die Aufgabe: Es muss ein Löscheinsatz aufgebaut werden, mit dem ein Feuer bekämpft wird, das gleichzeitig an drei Stellen ausgebrochen ist. Das Löschwasser kommt aus einem Teich. Einer der Jugendlichen wiederholt die Anweisung, damit der Gruppenführer weiß, dass das Team ihn verstanden hat. Dann spurten alle auf ihre Plätze. Während ein Teil der Gruppe den Ansaugschlauch montiert, mit dem das Wasser aus dem Teich
20 gepumpt wird, rollen andere bereits die Löschschläuche aus und befestigen sie am Verteiler. Alle Aufgaben sind klar verteilt, damit im Ernstfall jeder Handgriff sitzt. Und schon heißt es „Wasser marsch!" und an der ersten der drei Brandstellen kann mit dem Löschen begonnen werden. Ist der Aufbau komplett, ruft der Gruppenführer „Übung beendet" und die Jugendlichen rollen die Schläuche wieder ein und räumen alles wieder an seinen ursprünglichen Platz. Die gleiche Übung wird noch 3-
25 bis 4-mal wiederholt, bis alles klappt wie am Schnürchen.

Während bei der Löschübung die Zeit nicht gestoppt wurde, kommt es im nächsten Trainingsteil ganz auf Geschwindigkeit an. Jeder der Jugendlichen hat einen 15 Meter langen Schlauch vor sich liegen. Auf ein Startsignal hin müssen alle losrennen und die Schläuche aneinandermontieren, sodass insgesamt eine Distanz von 120 Metern überwunden werden kann. Dafür haben die Jungen gerade mal
30 75 Sekunden Zeit. Gleich beim ersten Mal schaffen sie es in nur 65 Sekunden. Der Übungsleiter gibt ein paar Tipps zur Verbesserung. Er erklärt, wie der Schlauch gehalten werden muss, um zu vermeiden, dass er sich beim Entrollen verdreht. Noch zweimal müssen die Jugendfeuerwehrler laufen, dann ist das Training für diesen Abend beendet.

[aus: www.wasistwas.de/sport-kultur/alle-artikel/artikel/link//63e9c19ec1/article/ein-abend-bei-der-jugendfeuerwehr-uebung.html (25.11.2009)]

2 a) Halte die Informationen, die du aus den Texten A bis D gesammelt hast, in einer Tabelle fest (die Texte A bis C findest du im Schülerband, S. 40/41).

Jugendfeuerwehr	Text A	Text B	Text C	Text D
Tätigkeiten				
Gründung				
Abzeichen				
...				

b) Vergleiche mithilfe der Tabelle die gesammelten Informationen. Sortiere gleiche Informationen aus, indem du sie durchstreichst.

Für andere da sein | 3.3.1 Informationen entnehmen und zueinander in Beziehung setzen   **33**

Differenzierungsmaterial A

**Klartext 7
Seite 47
Aufgabe 1**

Einen Broschürentext überarbeiten

Sporthelfer

Wisst ihr eigentlich, was Sporthelfer an Schulen tun und wie sie ausgebildet werden?
Bevor sie zum Einsatz kommen, werden sie zunächst in ungefähr 35 Unter-
richtsstunden ausgebildet. Obwohl die Sportpraxis den größten Teil der
5   Ausbildung umfasst, heißt das nicht, dass sie dort nur Sport treiben dürfen:
Sie müssen sich auch in Sportmedizin auskennen. Außerdem lernen Sporthelfer die unterschiedlichen Bereiche kennen, in denen sie eingesetzt werden
können, nämlich den Sportverein, den Schulsport oder Jugendarbeit allge-
mein. Natürlich enthält die Ausbildung auch den Bereich der Zusammen-
10   arbeit, schließlich ist Sport ja sehr kommunikativ! Sie müssen übrigens im
Alter zwischen 13 und 17 Jahren sein, wenn sie ausgebildet werden wollen.
Nach dieser umfassenden Ausbildung finden auch immer mal wieder
Fortbildungen statt, auf denen sich die Sporthelfer austauschen und
natürlich auch Neues kennenlernen können.
15   Doch wo und wie werden Sporthelfer eingesetzt? Häufig bieten sie direkt
in der Schule Aktionen an. Sie können natürlich auch in Sportvereinen tätig
werden. Die Trainerin unserer Vereinsmannschaft hat übrigens auch eine
Sporthelferausbildung gemacht.
Meine Beurteilung:
20   Das Projekt „Sporthelfer" würde ich jedem von euch empfehlen, der gerne
Sport treibt, sich mit vielen verschiedenen Sportarten auskennt und vor
allem gut mit seinen Mitschülern umgehen kann bzw. mit Kindern und
Jugendlichen. Es ist vor allem eine verantwortungsvolle Aufgabe, denn man
muss Unfälle vermeiden oder bei Sportunfällen direkt helfen können. Vor
25   allem müssen Interessierte Durchhaltevermögen und Zuverlässigkeit bei
der Ausbildung zeigen, denn 35 Stunden sind ja nicht easy!

Randbemerkungen:

interessantere
Überschrift
wählen

einfügen, worüber
sie sich austau-
schen und was sie
Neues lernen

konkrete Beispie-
le nennen

unwichtig!

anders aus-
drücken

---

1 Überarbeite den Broschürentext mithilfe der Anmerkungen und der CHECKLISTE. Nimm dir
jeden Punkt der CHECKLISTE vor und markiere im Text, wo du die einzelnen Aspekte findest
bzw. wo etwas nicht beachtet wurde. Notiere die Nummer des jeweiligen Punktes am Seitenrand.

☑ CHECKLISTE

Einen Broschürentext überarbeiten
1. Hast du die Schulhelfer genannt, über die du informierst?
2. Enthält der Infotext alle wichtigen Informationen aus Text und Grafik (z. B. *Ziele,
   Tätigkeiten, Einsatzmöglichkeiten, Kosten ...*)?
3. Hast du zum Schluss erläutert und begründet, ob du die Arbeit der Sporthelfer
   empfehlen würdest und für wen du sie geeignet hältst?
4. Hältst du die Reihenfolge der Informationen für angemessen?
5. Wurde der Adressat direkt angesprochen?
6. Hast du unwichtige Stellen gestrichen?
7. Hast du im Präsens geschrieben?

Für andere da sein | 3.2.1 Schreiben als Prozess: Textüberarbeitung

34

Klartext 7
Seite 36–53

Zusatzmaterial

Suchsel – Kennst du dich aus?

L	O	O	M	P	F	A	D	F	I	N	D	E	R	B	I	N	B
F	E	N	N	T	Z	U	H	T	F	S	Y	E	E	G	B	Ä	E
S	T	R	E	I	T	S	C	H	L	I	C	H	T	E	R	O	R
D	E	R	T	Ö	G	A	A	C	H	U	R	J	T	A	L	L	G
B	U	N	N	S	T	A	S	W	E	N	A	J	U	S	C	H	W
Ö	L	L	E	C	H	V	A	M	I	L	I	E	N	F	A	J	A
G	A	J	E	H	M	M	Ö	X	U	L	T	I	G	Ä	M	U	C
D	E	U	M	U	L	G	A	J	A	L	P	I	S	Ü	X	G	H
D	R	G	E	L	D	A	L	I	T	J	Ä	F	H	C	H	E	T
A	S	E	R	S	T	A	H	K	G	U	P	I	U	F	A	N	A
O	L	N	W	A	T	H	W	-	J	U	G	E	N	D	I	D	A
B	A	D	Ä	N	F	Ü	ß	T	A	S	E	L	D	Ö	M	F	L
Y	E	R	G	I	S	T	U	X	A	V	E	R	E	Ä	L	E	Y
S	P	O	R	T	H	E	L	F	E	R	F	U	S	C	H	U	K
B	U	T	T	Ä	F	A	S	I	N	N	Ü	P	T	A	Q	E	E
V	A	K	T	T	O	L	E	R	A	Y	R	E	A	W	A	R	H
C	H	R	E	E	S	T	A	L	O	N	E	S	F	E	E	W	T
D	A	E	L	R	E	Z	U	S	I	N	E	N	F	U	S	E	O
D	A	U	T	I	N	N	E	N	V	E	R	T	E	Ö	L	H	B
S	A	Z	E	H	I	J	U	U	S	T	H	E	L	T	E	R	I
R	E	T	T	U	N	G	S	S	C	H	W	I	M	M	E	R	R

1 Finde die zwölf Begriffe, die hier versteckt sind (waagerecht: sieben; senkrecht: fünf). Sie bezeichnen Helfer und Organisationen, auf die du im Kapitel „Für andere da sein" gestoßen bist, aber auch einige andere.

2 Notiere die Begriffe und erkläre, welche Aufgabe die Helfer bzw. Organisationen jeweils haben:

... = Sie spürt z. B. verschüttete Menschen auf.

Für andere da sein | 3.3.1 Informationen entnehmen und zueinander in Beziehung setzen

Im Blickpunkt: Lesen

„Denkt an eure Sicherheit"
Hilfe vorm Ertrinken: Die DLRG bildet Kinder und Jugendliche aus

(dpa) „Hilfe! Ich ertrinke!" Der Ruf kommt aus dem Wasser, ein paar Meter vom Ufer entfernt. Glen, elf Jahre alt, steht am Strand. Er hat einen rotgelben Rettungssack in der Hand. Daran hängt eine lange Schnur. Glen schleudert den Sack in die Richtung, aus der die Hilfeschreie kommen. Aber die Schnur verheddert sich. Der Sack landet ein paar Meter vor dem Mann im Wasser. „Hilfe – ich ertrinke immer noch!", ruft der 18-jährige Chris und fuchtelt mit den Armen. „Mir wird auch langsam kalt." Chris stellt sich hin. Jetzt sieht man, dass das Wasser gar nicht tief ist. Es geht ihm nur bis zur Badehose. „Ich versuch es noch mal", ruft Glen. Er wirft den Beutel noch mal mit voller Kraft in Chris' Richtung. Diesmal kommt er ein paar Meter näher ran. Die anderen Kinder am Strand gucken genau zu, wie Glen das macht. Denn gleich sollen sie es selbst ausprobieren. Glen, seine Schwester Lisa, 14 Jahre alt, Jasper, 12 Jahre alt, und Max, 15, gehören zu einer Jugendgruppe der DLRG. Das ist die Abkürzung von Deutsche Lebens-Rettungs-Gesellschaft. Chris, der im Wasser steht, ist ausgebildeter Rettungsschwimmer. Glen und die anderen haben Badesachen an und gelbe T-Shirts, auf denen ihre Namen stehen. Sie üben an diesem Tag, Leute aus dem Wasser zu ziehen. Dafür gibt es Rettungsring, Rettungsleine und den Wurfsack. Eine Leine möglichst weit hin zu einem Menschen im Wasser zu werfen, ist schwierig und anstrengend. Und vielleicht steht der Helfer später auf einem rutschigen Steg – in der Nacht. Das macht die Angelegenheit noch schwieriger. „Wichtig ist, dass ihr an eure eigene Sicherheit denkt", sagt Nils. Der

[Foto: panthermedia]

25-Jährige ist einer der Leiter der Gruppe. „Auch Rettungsschwimmer können nämlich ertrinken." Glen, Lisa, Jasper und Max lernen deshalb, die Gefahren am Wasser einzuschätzen. Wo ist die Strömung besonders stark? Wie lange kann ich im kalten Wasser überhaupt schwimmen? Gänsehaut haben die vier, als sie aus dem kühlen Wasser kommen. Aber dafür steht nach der Übung noch eine Runde mit dem Rettungsboot auf dem Programm. Darauf freut sich Max sehr. Er erzählt, dass er mal selbst im Wasser in Gefahr geraten ist. „Ich hatte mal beim Schwimmen einen Krampf im Bein." Max war froh, dass ihm damals jemand half.
DLRG-Helfer haben im vergangenen Jahr mehr als 500 Menschen vor dem Ertrinken gerettet. Auch in diesem Jahr gab es schon viele Einsätze. In vielen Städten gibt es Kinder- und Jugendgruppen der DLRG. Dort kann man lernen, Menschen in Gefahr zu helfen. Das Rettungsschwimm-Abzeichen in Bronze kann man ab 12 Jahren machen. Mit mindestens 16 Jahren und dem Abzeichen in Silber kann man selbst als Rettungsschwimmer auf andere aufpassen.

[aus: WAZ, 25.08.2009]

Klartext 7
Seite 52/53

Zusatzmaterial

1 Kreuze die richtige Antwort an.

DLRG ist die Abkürzung für:
A Deutsche Lebens-Rettungs-Gemeinschaft ☐
B Deutsche Lebens-Rettungs-Gesellschaft ☐
C Deutsche Lebens-Rettungsschwimmer-Gesellschaft ☐
D Dortmunder Lebens-Rettungs-Gemeinschaft ☐

2 Welche Gegenstände werden benötigt, um Menschen aus dem Wasser zu ziehen?
Kreuze die richtigen Antworten an.

A Wurfsack ☐
B Rettungsleine ☐
C T-Shirts, auf denen der Name der Retter steht ☐
D Rettungsring ☐
E Badehose ☐
F Schwimmreifen ☐

3 Notiere zwei Textstellen, an denen du erkennst, dass Chris nicht ertrinkt, sondern dass es sich um eine Übung handelt.

_____

_____

_____

_____

4 Im Text heißt es: „Wichtig ist, dass ihr an eure eigene Sicherheit denkt." (Zeile 36/37)
Notiere drei Gefahren, die auch einem Rettungsschwimmer im Wasser drohen können.

1. _____

2. _____

3. _____

5 Kannst du dir vorstellen, dich zum Rettungsschwimmer ausbilden zu lassen? Stelle deine Meinung dar und begründe sie.

_____

_____

_____

_____

_____

_____

_____

Für andere da sein | 3.3.1 Über Strategien und Techniken des Textverstehens verfügen

Klassenarbeit: Informationen ermitteln, vergleichen und bewerten

Name: _____ Datum: _____

In der Broschüre „Organisationen, die sich für andere einsetzen" sollen auch die Pfadfinder vorgestellt werden.

[Foto: laif]

Die Pfadfinder

Jeden Tag eine gute Tat? Das ist viel zu altmodisch und zu einfach. Die Pfadfinder haben sich Größeres auf ihre Fahnen geschrieben: Sie wollen helfen, den Frieden auf der Welt zu sichern. Dafür stehen sie
5 allzeit bereit.
So ging es los: 1907 machte sich der englische Lord Baden-Powell mit einer Jungengruppe auf nach Brownsea Island. Dort errichteten sie ein Zeltlager, erkundeten die Natur und tüftelten an spannenden Aufgaben. Tauchte ein Problem auf, halfen sich die
10 Jungen gegenseitig und suchten gemeinsam nach einer Lösung. Später erstattete jeder der Gruppe Bericht und am Abend tobten sich die neuen Freunde in wilden Spielen gründlich aus. Dieses Erlebnis wollten sie unbedingt wiederholen, sodass daraus die Pfadfinderbewegung entstand.
Das oberste Ziel für Lord Baden-Powell war es, die Idee der Demokratie in den Köpfen der Jugend zu verankern, damit sie helfen, den Frieden auf der Welt zu sichern. Dies war in seinen Augen nur möglich,
15 wenn die Jugendlichen die Chance bekämen, sich zu verantwortungsbewussten und engagierten Bürgern zu entwickeln, die ohne Vorurteile offen und tolerant auf ihre Mitmenschen zugehen, unabhängig von ihrer Herkunft, Hautfarbe oder sonstigen Unterschieden. Mit seinem Zeltlager-Experiment, das war dem Lord gleich klar, hatte er einen richtigen Weg zu seinem Ziel gefunden.
Hundert Jahre später hat sich die Idee zur größten Jugendbewegung der Welt gemausert: Mehr als
20 38 Millionen Kinder und Jugendliche aus 216 Ländern machen heute bei den „Pfadis" mit. Perfekt organisiert arbeiten sie in kleinen und großen Gruppen, treffen sich regelmäßig und stehen alle miteinander in Verbindung. Die Gruppen der Pfadfinder setzen sich nach dem Alter zusammen: Die Jüngsten (7 bis 11 Jahre) werden Wölflinge genannt. Sie basteln, machen Musik und unternehmen erste Ausflüge in die Natur der näheren Umgebung. Die 11- bis 16-Jährigen gehören zur
25 Pfadfinderstufe. Auch sie erkunden die Natur und unternehmen Geländespiele, aber organisieren auch bereits kleinere Projekte wie die Pflege eines Feuchtbiotops oder engagieren sich für andere. Die Ältesten (16 bis 25 Jahre) nennen sich Ranger und Rover. Sie übernehmen oft ein Amt und tragen eine Menge Verantwortung. Außerdem werkeln und musizieren sie auch, beschäftigen sich mit Politik, wie beispielsweise bei Anti-Rassismus-Aktionen, engagieren sich für Behinderte und den Umwelt- und
30 Naturschutz, helfen den Wölflingen und Pfadfindern oder feiern Feste. Alle drei Altersstufen, die Wölflinge, die Pfadfinder und die Ranger und Rover bilden an ihrem Heimatort einen gemeinsamen Stamm. Darin helfen sie sich gegenseitig und arbeiten auch zusammen an Projekten.
Während ihrer Fahrten und Lagerfreizeiten lernen, erleben, entdecken und erfahren die Mädchen und Jungen spannende Dinge mit- und voneinander, schließen viele Freundschaften mit Gleichaltrigen
35 anderer Kulturkreise im Ausland, bauen Vorurteile ab und lernen die Welt besser zu verstehen. Auf diese Weise tragen Pfadfinderinnen und Pfadfinder eine Menge dazu bei, dass die Völkerverständigung besser klappt.
Bei allem gelten folgende Grundsätze:
„Learning by doing", denn das trainiert persönliche und praktische Fertigkeiten am wirkungsvollsten, und „Allzeit bereit", denn jeder sollte stets dort hilfreich zur Seite stehen, wo es gerade nötig ist.

[nach: www.tip-top.de-Artikel: 100 Jahre Pfadfinder (18.01.2010)]

Klartext 7
Seite 48/49

Zusatzmaterial

Ein Stamm der Pfadfinder wurde befragt, aus welchen Gründen sie hauptsächlich bei den Pfadfindern eingetreten sind. Hier ist das Ergebnis:

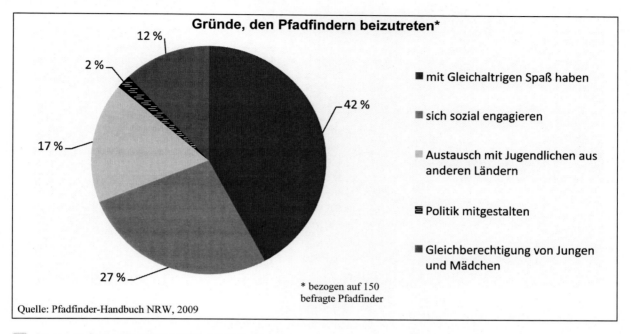

Quelle: Pfadfinder-Handbuch NRW, 2009

1 Plane deinen Text für die Broschüre:
   a) Verschaffe dir einen Überblick über den Inhalt des Textes und lege eine Mindmap mit folgenden Ästen an: *Ziele der Pfadfinder, Aktivitäten, Gruppen ...*
   b) Aus welchen Gründen sind die Jugendlichen den Pfadfindern beigetreten? Ergänze deine Mindmap mit Informationen aus dem Diagramm.

2 Verfasse mithilfe deiner Mindmap einen Informationstext über die Pfadfinder für die geplante Broschüre.
   – Nenne die Organisation, über die du informierst.
   – Beschreibe die Pfadfinder: Wie sind die Pfadfinder entstanden? Welche Ziele setzen sie sich? Welche Untergruppen gibt es in der Organisation?
   – Erkläre, aus welchen Gründen die befragten Jugendlichen den Pfadfindern beigetreten sind.
   – Vergleiche die Gründe der Jugendlichen mit dem Angebot der Pfadfinder: Welche Aktionen passen zu den genannten Gründen?
   – Beurteile am Schluss, ob du Kindern und Jugendlichen die Pfadfinder empfehlen würdest und für wen du sie geeignet hältst.

3 Überarbeite deinen Informationstext mithilfe der folgenden Fragen:
   – Hast du die Organisation umfassend vorgestellt?
   – Hast du verständlich formuliert?
   – Hast du mit deiner Einschätzung abgeschlossen und diese begründet?

Für andere da sein | Aufgabentyp 4b): Informationen ermitteln, vergleichen und bewerten

Beurteilungsbogen

Klartext 7
Seite 48/49

Informationen ermitteln, vergleichen und bewerten – das konntest du

1 Du hast deinen Informationstext **geplant** und dafür		**Punkte**
	zum Inhalt des Textes eine Mindmap angelegt;	
	das Diagramm erschlossen und die Mindmap mit Informationen daraus ergänzt.	
2 Du hast deinen Informationstext **geschrieben** und **überarbeitet**. Er erfüllt nun die folgenden Kriterien: Du hast		
	die Organisation genannt, über die du informierst;	
	zu folgenden Aspekten die Informationen aus Text und Diagramm genannt: – Entstehung der Pfadfinder, – Ziele, – Zusammensetzung (Wölflinge, Pfadfinder, Rover/Ranger), – Gründe der Jugendlichen für ihre Mitgliedschaft;	
	die Gründe der Jugendlichen mit den Aktionen verglichen;	
	beurteilt und begründet, ob du die Pfadfinder Kindern und Jugendlichen empfehlen würdest.	
3 Du hast dich in deinem Informationstext **sprachlich richtig ausgedrückt**, das heißt,		
	deinen Adressaten direkt angesprochen;	
	im Präsens geschrieben;	
	Rechtschreibung, Zeichensetzung und Grammatik beachtet.	

Insgesamt hast du _____ von _____ Punkten erreicht.

Das ergibt die Note: _____

Für andere da sein | Aufgabentyp 4b): Informationen ermitteln, vergleichen und bewerten   **40**

© 2010 Westermann, Braunschweig • ISBN 978-3-14-290177-0

Klartext 7
Seite 60
Aufgabe 5

Differenzierungsmaterial C

Eine Anfrage in Briefform bringen

Wir brauchen die Aula

2. September 200...

Sebastian Kramer
(im Auftrag der Bewegungstheater-AG)

Sie sind ja für die Reservierung der Aula zuständig. Es wäre schön, wenn wir am 12. September die Aula unserer Schule für eine Aufführung der Bewegungstheater-AG nutzen könnten. Daher bitten wir Sie, die Aula ab 16.00 Uhr zu reservieren.

Wir bedanken uns schon einmal recht herzlich. Geben Sie uns noch Bescheid, ob die Reservierung klappt?

Stadt Düsseldorf
Frau Walter
Postfach
40210 Düsseldorf

Mit freundlichen Grüßen

Sebastian Kramer
Hohe Lucht 13A
40210 Düsseldorf
0211 – 34215789
sebastian.kramer@düssel.de

Hallo Frau Walter,

5 Die Teile des Briefes sollen in die richtige Reihenfolge gebracht werden.
a) Ordne ihnen zunächst die folgenden Bezeichnungen zu:

Absender / Datum / Betreffzeile / Gruß / Inhalt / Anrede / Unterschrift / Adressat

b) Schneide die einzelnen Teile anschließend aus und klebe sie in der richtigen Reihenfolge auf ein Blatt Papier.

Eine Schulveranstaltung ... | 3.2.9 Einfache standardisierte Textformen kennen und verwenden **41**

Differenzierungsmaterial A

Klartext 7
Seite 64

Eine Anfrage überarbeiten

Britta Georgs
Alte Landstraße 14
40210 Düsseldorf

TT Tolles T-Shirt
Stoffstr. 12
40210 Düsseldorf

die Betreffzeile
als Stichwort
formulieren

Wir warten auf unsere T-Shirts!!!

Meine liebe Frau Senkel,

die Anrede
ändern, sodass sie
angemessen ist

wir warten nun schon <u>ewig</u> auf unsere T-Shirts. Dabei haben wir sie schon vor einiger Zeit bei Ihnen bestellt! Sie wissen doch, dass wir sie für unsere Aufführung am 12.09. dringend benötigen. <u>Also, was brauchen Sie noch so</u>

umformulieren
die Äußerung der
Mutter streichen

5   <u>lange?</u> <u>Meine Mutter hat auch schon gesagt, wir sollten besser für unsere</u>
<u>Aufführung die Trikots unserer Volleyball-Schulmannschaft nehmen, bevor wir</u>
<u>noch lange warten.</u>
Es kann doch nicht angehen, dass Sie so trödeln! <u>Wir sind supersauer und</u>
<u>erwarten SOFORT Ihre Lieferung!</u> Wir setzen Ihnen eine letzte Frist: Wenn Sie

10 nicht bis nächste Woche geliefert haben, <u>können Sie unseren Auftrag vergessen.</u>
Geben Sie uns also unverzüglich Bescheid, wann wir mit der Lieferung rechnen
können. <u>Bei jeder anderen Firma hätten wir unsere T-Shirts schon lange gekriegt.</u>

Mit <u>unfreundlichem</u> Gruß

Britta Georgs

1   Überarbeite Brittas Anfrage:
   a) Ergänze die fehlenden Informationen:
   – Ort und Datum,
   – Brittas Telefonnummer,
   – die genaue Bezeichnung der T-Shirts und die Anzahl, die bestellt wurde,
   – das vereinbarte Lieferdatum.
   b) Schreibe Brittas Anfrage mithilfe der unterstrichenen Textstellen und den Kommentaren so um, dass sie verständlich und sprachlich angemessen vorgebracht wird.

Eine Schulveranstaltung ... | 3.2.1 Schreiben als Prozess: Textüberarbeitung

Klartext 7
Seite 68/69

Zusatzmaterial

Im Blickpunkt: Lesen

Circus Mignon – Bei den kleinen Königen der Manege

Akrobaten, Clowns, Zauberer, Jongleure – wer den „Circus Mignon" besucht, kann sich auf eine turbulente Show gefasst machen. Dabei ist keiner der Künstler älter als 15 Jahre.

[Foto: Marcus Höhn/laif]

A Der Direktor hat gute Nachrichten. Alle sollen sich darüber freuen. „Die Vorstellung ist ausverkauft!", ruft Martin Kliewer in die Runde. In Frack und Zylinder schreitet er durch das
5 kleine Zelt, in dem sich rund 40 Mädchen und Jungen gerade auf ihre Auftritte vorbereiten.

B Verirrte Jonglierbälle kullern herum; in der Schminkecke drängeln sich Mädchen in pinkfarbenen Trikots um die Farb- und Pudertiegel; Kostüme rascheln; Perücken knistern. Timmi, ein
10 Junge mit grüner Krone, schwingt energisch sein Zepter: „Kann losgehen!" Der Direktor mahnt noch: „Und denkt dran: Guckt ins Publikum! Starrt nicht auf eure Füße!" Doch da laufen Timmi und ein paar seiner Freunde schon durch den dunklen Gang, der das kleine Vorzelt mit der Manege verbindet. Der Vorhang hebt sich, die Scheinwerfer blenden einen Moment. Manege frei!

C Rund 600 Zuschauer sind an diesem Sommermittag in den „Circus Mignon" geströmt, der seine
15 Zelte mitten in Hamburg aufgeschlagen hat. Es hat sich herumgesprochen: Dieser Zirkus ist etwas Besonderes! Die Vorstellung wird allein von Kindern bestritten: Mädchen und Jungen zwischen acht und 15 Jahren, Kinder mit und ohne Behinderung, die sich jedes Jahr mit Direktor Kliewer (dem einzigen Erwachsenen der Truppe) ein neues Spektakel ausdenken und so lange üben, bis die letzte Nummer sitzt.

20 D Die Vorstellung dieses Sommers heißt „Königskinder". Es geht um den Wettstreit zweier Königreiche, dem der Narren und dem der Giftzwerge. Sie sind angetreten, sich gegenseitig mit immer tolleren Vorführungen zu übertrumpfen.

E Soeben ist Nicolai, 14, der den „König der Narren" spielt, auf seinem mannshohen Einrad in die Manege geradelt und zieht jetzt atemraubend enge Kurven; sechs Fahrerinnen umkreisen ihn in
25 eleganten Bögen. Das zehnköpfige Orchester trötet dazu im Takt. Aber Timmi, der „König der Giftzwerge" mit der grünen Krone, winkt vom Rand aus nur verächtlich ab. Als wollte der Junge mit dem Downsyndrom sagen: Wartet nur, was euch meine Leute gleich zeigen werden!
In luftiger Höhe verrenken sich die Mädchen auf der wackligen „Schaukel". Am Boden liegen vorsichtshalber weiche Polster bereit – aber zum Glück fällt keine der Artistinnen herunter.

30 F Giftzwerg-Königin Lina, 11, wartet derweil mit ihrer Schwester Yannie, 10, im kleinen Zelt. „Wir sind seit anderthalb Jahren beim Circus Mignon", erzählt Yannie. Einmal pro Woche trainieren alle im Hamburger Stadtteil Iserbrook, wo das Zelt normalerweise steht. Im Sommer folgen dann die Auftritte und manchmal sogar eine richtige kleine Tournee. „Das gefällt mir am besten", sagt Lina.

Zusatzmaterial

Klartext 7
Seite 68/69

35 **G** Eine Minute später beginnt ihr Auftritt mit dem Diabolo. Wie von Geisterhand lässt Lina in der Manege den Gummikreisel an der Schnur zwischen zwei Stöcken hinauf- und hinunterrasen. Dann schleudert sie das Diabolo hoch, strafft die Schnur und fängt es – zack – wieder mühelos auf. Applaus!

H Die Zuschauer bekommen an diesem Mittag beinah wunde Hände vom Klatschen: Stelzenläufer in
40 fantastischen Kostümen bevölkern die Runde, Jongleure werfen einander brennende Fackeln zu, Mädchen turnen am Trapez wie Profiakrobaten. Wer Giftzwerg und wer Narr ist, spielt in der Arena kaum noch eine Rolle. Beim Finale vereinigen sich Könige, Königinnen und „Untertanen" zu einem einzigen fröhlichen Kindervolk.

I „Su-per!", schreit das Publikum, und „Zu-ga-be!" Auch Direktor Kliewer ist mit seinen Zir-
45 kuskindern zufrieden. „Klasse wart ihr!", lobt er, als sich Lina, Nicolai und die anderen längst abgeschminkt und umgezogen haben. „Fand ich auch", sagt Lina und kichert. So unbescheiden darf man ruhig mal sein, wenn man beim „Circus Mignon" mitmacht.

[aus: www.geolino.de/GEOlino/kreativ/1476.html (02.09.2009)]

1 Ordne die folgenden Überschriften den Abschnitten (A bis I) zu.

	Abschnitt
Nur Kinderkünstler!	
Zirkus mit Thema	
Kurz vor dem Auftritt	
Jede Woche Training	
Die Spannung steigt	
Happy End	
Akrobatik und Musik	
Lob vom Direktor	
Perfekte Show	

2 Erkläre, was das Besondere am „Circus Mignon" ist.

a) _____

b) _____

3 Nenne vier Attraktionen, die der Zirkus zeigt.

a) _____ b) _____

c) _____ d) _____

4 Im Text heißt es in Zeile 46 f. „So unbescheiden darf man ruhig mal sein, wenn man beim ‚Circus Mignon' mitmacht". Erläutere, was das bedeutet.

_____

_____

Eine Schulveranstaltung … | 3.3.1 Über Strategien und Techniken des Textverstehens verfügen **44**

Klartext 7
Seite 65

Klassenarbeit

Klassenarbeit: eine Anfrage überarbeiten

Name: _____   Datum: _____

Tino will für die geplante Aufführung bei einem Musikgeschäft eine Musikanlage ausleihen und anfragen, ob das Geschäft die AG mit Spenden unterstützt. Er hat zunächst auf einem Zettel notiert, was er schreiben möchte, und dann diese Anfrage entworfen:

An den Musikladen Schall
Herrn Markus Schall
Drostenweg 7
42000 Düsseldorf

- Musikanlage leihen
- Headsets leihen (ca. 8 Stück)
- fragen, wie die Headsets funktionieren
- 2 zusätzliche Boxen
- Beleuchtung: Nebelmaschine, Diskokugel
- Programminformationen (Jonglage, Jumpstyle, Balance-Act, Akrobatik)
- nach Spenden (oder möglichst kostenloser Ausleihe) fragen

Hallo lieber Herr Schall,
wir sind gerade voll im Endspurt, was die Planung unserer Aufführung angeht, die ja bekanntlich am 12.09. um 16.00 Uhr in der Anne-Frank-Schule steigt. Neulich war ich ja mal bei ihnen im Laden und habe gesehen, dass sie nicht nur Musikanlagen verkaufen, sondern die Dinger auch verleihen. Also für
5 unsere Aufführung brauchen wir eine! Auch acht Headsets benötigen wir, damit unsere Akteure frei herumzappeln können und nicht an ihrem Standort kleben bleiben müssen. Einige unserer Darsteller müssen nämlich ziemlich ackern: Sie balancieren, bauen akrobatische Pyramiden, jonglieren und völlig hip ist unser Jumpstyle-Team.
Übrigens: Es wäre super, wenn wir für die ausgeliehenen Waren nicht zahlen müssten. Bei uns
10 herrscht absolut Ebbe in der Kasse, daher wäre es echt nett, wenn Sie uns mit einer Spende unterstützen könnten.
Tschüss und bis demnächst,
die Bewegungstheater-AG der Anne-Frank-Schule (von Tino Walfort, wohnhaft in 42000 Düsseldorf, Kalter Bach 13 / Supertino@düssel.de)

Überarbeite die Anfrage von Tino. Gehe so vor:

1 **a)** Vergleiche den Brief mit dem Notizzettel. Welche Informationen musst du im Brief ergänzen? Markiere diese Stellen.
b) Markiere die Stellen, an denen Tino sich sprachlich nicht angemessen ausdrückt.
c) Spüre die Anredepronomen auf, die Tino nicht richtig geschrieben hat.

2 **a)** Schreibe den Brief neu und achte darauf, dass du verständlich und sprachlich angemessen formulierst.
b) Bringe den neu formulierten Brief in die richtige Briefform. Achte also auf einen übersichtlichen Aufbau (Absender, Adressat, Datum ...).

3 Kontrolliere deinen Brief am Ende noch einmal:
– Ist er inhaltlich vollständig und sprachlich angemessen?
– Hast du den formalen Aufbau des Briefes beachtet?
– Stimmen Rechtschreibung und Zeichensetzung?

Eine Schulveranstaltung ... | Aufgabentyp 5: Eine Anfrage überarbeiten

Beurteilungsbogen

Klartext 7
Seite 65

Eine Anfrage überarbeiten – das konntest du

1 Du hast deine Überarbeitung **geplant** und dafür		**Punkte**
	beim Vergleich mit dem Notizzettel erkannt, dass folgende Informationen fehlen: – fragen, wie die Headsets funktionieren, – zwei zusätzliche Boxen bestellen, – Beleuchtung: Nebelmaschine, Diskokugel;	
	die Stellen markiert, an denen Tino sich nicht angemessen ausdrückt;	
	die Anredepronomen markiert, die Tino falsch geschrieben hat.	
2 Du hast die Anfrage **geschrieben** und **überarbeitet**. Sie erfüllt nun die folgenden Kriterien: Du hast		
	die fehlenden Informationen ergänzt;	
	die Textstellen, die nicht angemessen formuliert sind, überarbeitet;	
	die Anfrage in die richtige Briefform gebracht: – Absender, – Datum, – Adressat, – Betreffzeile, – Anrede, – Inhalt, – Gruß, – Unterschrift.	
3 Du hast dich in der neu formulierten Anfrage **sprachlich richtig ausgedrückt**, das heißt,		
	die Umgangssprache bzw. Jugendsprache vermieden;	
	alle Anredepronomen großgeschrieben;	
	Rechtschreibung, Zeichensetzung und Grammatik beachtet.	

Insgesamt hast du _____ von _____ Punkten erreicht.

Das ergibt die Note: _____

Eine Schulveranstaltung ... | Aufgabentyp 5: Eine Anfrage überarbeiten

Klartext 7
Seite 74

Differenzierungsmaterial A

Einen sachlichen Bericht überarbeiten

Montag, 13.05. … Akte Meyer. Erster Bericht.

<u>Heute</u> ging bei der Polizeiinspektion in Münster ein Telefonanruf <u>von</u>
<u>einem völlig aufgeregten</u> Herrn Meyer ein. Herr Meyer <u>gibt an</u>, dass
ihm die Prüfungsunterlagen für die zentralen Abschlussprüfungen in
Nordrhein-Westfalen aus dem Safe seines Hauses gestohlen wurden.

5   <u>Herr Meyer wohnt in der Münsterstr. 36 in Hiltrup.</u> <u>Er sagte, dass er</u>
<u>dort schon seit 15 Jahren wohnen würde, aber so etwas hätte er nie</u>
<u>für möglich gehalten. Das kann man schon verstehen. So ein Einbruch</u>
<u>ist natürlich ein starkes Stück!</u> Herr Meyer ist der Schulleiter der
Anne-Frank-Realschule in Münster. Herr Meyer hatte die Prüfungs-

10   unterlagen in seinem Safe versteckt. Der Safe befindet sich in seinem
Schlafzimmer hinter einem Bild, auf dem eine große Blume zu sehen
ist. Der Safe ist durch eine Zahlenkombination gesichert. Die Diebe
haben aber, <u>zum Glück</u>, kein Geld gestohlen, sondern nur die Prüfungsunterlagen. <u>Merkwürdige Einbrecher!</u>

15   Bis 13.30 Uhr <u>bleibt</u> die Putzfrau. <u>Normalerweise ist der Schulleiter</u>
<u>dann immer schon zu Hause, nur heute hatte er zufälligerweise noch</u>
<u>ein ganz dringendes Elterngespräch</u>. Als der Schulleiter <u>dann</u> wieder
zu Hause war, hat er gleich gemerkt, dass die Prüfungsunterlagen
verschwunden waren. Einen Nutzen von dem Diebstahl hätten zwei

20   Schüler seiner Schule: Bernd Köhler und Sven Pfitz. Nun müssen die
Prüfungen in ganz Nordrhein-Westfalen wiederholt werden.

genaue Tatzeit fehlt
Angabe überflüssig
Zeitform: Präteritum!

Information vorziehen
Angaben überflüssig

1 **a)** Überfliege den Polizeibericht. Verschaffe dir einen Überblick über den Inhalt, indem du die
Antworten auf die Ermittlungsfragen *(Was? Wie? …)* im Text markierst. Notiere dazu auch
Stichworte in deinem Heft.
Hinweis: Einige Fragen sind in dem Bericht nicht beantwortet worden.
b) Überarbeite den Text mithilfe der CHECKLISTE (Schülerband, S. 74). Setze die Unter-
streichungen im Text fort und schreibe eigene Anmerkungen an den Rand.
c) Schreibe den überarbeiteten Bericht noch einmal ordentlich in dein Heft. Achte dabei auf
Rechtschreibung und Zeichensetzung.

Dem Täter auf der Spur | 3.2.1 Schreibprozesse selbstständig gestalten: Textüberarbeitung   **47**

Im Blickpunkt: Lesen

Gelegenheit macht Diebe –
ein Kurzkrimi für junge Detektive mit kriminalistischen Fähigkeiten

Es ist die Nacht vom Sonntag zum Montag. Vier Minuten nach ein Uhr. Geräuschlos schiebt sich ein Mann im Schatten der Hauswand vorbei an der messinggefassten Glastür der Kunstgalerie von
5 Sackmann & Litt. Der Mann trägt einen dunklen Anzug, darunter einen ebenfalls dunklen Rollkragenpullover. In der linken Hand hält er ein kleines Köfferchen. Sein Ziel scheint die Rückfront des Hauses zu sein. Behände überklettert er das
10 große schmiedeeiserne Tor zum Hof und zieht sich wenig später zu einem Mauersims hoch. Ein kaum wahrnehmbares knirschendes Geräusch verrät die Tätigkeit des Glasschneiders. Von irgendeiner Uhr schlägt es einmal. Ein Knacken und der nächtliche Besucher zieht eine kreisrunde Scheibe aus dem Fenster. Alles andere ist nur noch ein Kinderspiel.
15 Niemand bemerkt ihn, als er sich ins Innere der Galerie gleiten lässt. Er wendet sich nach rechts, durchquert mehrere Räume und erreicht die sogenannte Zinnkammer, in der überwiegend Zinngerät aus dem Mittelalter ausgestellt ist. Er klappt den mitgebrachten Koffer auf und macht sich ans sorgsame Aussuchen und Einpacken. Als die Uhr zweimal schlägt, passiert es: Durch eine unbedachte Armbewegung stößt er einen Zinnkrug aus dem Regal. Ein helles, durchdringendes Scheppern erfüllt
20 den Raum, und dem Eindringling erscheint es wie ein Kanonenböller. Regungslos lauscht er in die Nacht … Nichts … Oder?
Der Hausmeister Julius Böckner, er wohnt im Erdgeschoss, hat das Geräusch gehört. Es scheint für ihn nicht den geringsten Zweifel daran zu geben, dass es aus der Galerie kam. Rasch fährt er in Jacke und Hose und – überlegt. Soll er zuerst die Polizei rufen – oder Herrn Sackmann, den Besitzer der Galerie,
25 der nur zwei Häuser weiter wohnt? Oder aber soll er versuchen, den Einbrecher zu stellen? Er entschließt sich für Letzteres. Als er die Barockhalle erreicht, sieht er den Dieb gerade noch durch das Fenster verschwinden. „Halt!", schreit er und stürzt ebenfalls zum Fenster.
Engelbert Sackmann schreckt auf. Verschlafen greift er zum Telefon. „Ja?" – „Ich bin's, Herr Sackmann, Böckner. Man hat bei uns eingebrochen!" – Sackmann ist sofort hellwach. „Haben Sie den
30 Einbrecher?" – „Nein … Ich rufe aus der Telefonzelle neben der Galerie an. Der Gauner hat die Telefonleitung durchgeschnitten." – Sackmann ist schon mit einem Bein aus dem Bett. „Laufen Sie zur Polizei, ich bin gleich da!" Er wirft den Hörer auf die Gabel und gleichzeitig einen Blick zur Uhr. 2 Uhr 30. – Zehn Minuten später hat er die Galerie erreicht, 2 Uhr 43 trifft Julius Böckner mit der Polizei ein. Nach gründlicher Suche übergibt Engelbert Sackmann der Kriminalpolizei eine Liste mit
35 den gestohlenen Sachen: 19 Zinngefäße, eine Tanzgruppe aus Meißner Porzellan, zwei Gemälde und eine 70 Zentimeter hohe Madonna aus dem 17. Jahrhundert.
Inspektor Lange schüttelt ein ums andere Mal den Kopf. Dann sagt er, was er denkt: „Tut mir leid, aber ich habe den Eindruck, dass hier nicht ein, sondern zwei Diebe am Werk gewesen sind." „Wie m-m-meinen Sie das?", stottert Sackmann, während der Hausmeister den Beamten mit einem
40 verständnislosen Gesicht ansieht. „Jemand von Ihnen beiden muss die Gelegenheit wahrgenommen haben, um den Diebstahl abzurunden. Ein Mann allein dürfte kaum in der Lage gewesen sein, all die Dinge wegzutragen, die hier auf der Liste stehen."

[aus: http://www.praxis-jugendarbeit.de/spielesammlung/sp-kurz-krimi-raetsel-3.html; www.deike-verlag.de (01.12.2009)]

Klartext 7
Seite 80/81

Zusatzmaterial

1 Wo findet der Einbruch statt? Kreuze die richtige Antwort an.

A in einem Naturkundemuseum ☐
B in einer Kunstgalerie ☐
C in einem Juweliergeschäft ☐
D in einer großen Villa ☐

2 Auf welche Weise gelangt der Einbrecher in das Gebäude? Kreuze die richtige Antwort an.

A Er geht durch die Kellertür. ☐
B Er besitzt einen Zweitschlüssel und geht durch den Haupteingang. ☐
C Er steigt durch ein Fenster ein, nachdem er ein Loch hineingeschnitten hat. ☐
D Er steigt durch ein Fenster ein, das nur angelehnt war. ☐

3 Wodurch wird der Hausmeister auf den Einbruch aufmerksam? Kreuze die richtige Antwort an.

A Der Einbrecher muss niesen. ☐
B Der Einbrecher stößt einen Zinnkrug aus einem Regal. ☐
C Der Einbrecher löst die Alarmanlage aus. ☐
D Der Einbrecher stolpert über einen Teppich und fällt mit lautem Schlag hin. ☐

4 Was macht der Hausmeister zuerst, nachdem er auf den Einbruch aufmerksam geworden ist? Kreuze die richtige Antwort an.

A Er ruft sofort die Polizei an. ☐
B Er ruft Herrn Sackmann, den Besitzer der Galerie, an. ☐
C Er versucht selbst, den Einbrecher zu stellen. ☐
D Er verkriecht sich unter der Bettdecke. ☐

5 Lege eine Zeitleiste an, in der du den genauen Tathergang festhältst.

01.04 Uhr – Ein Mann schleicht um das Haus.

01.15 Uhr – _____

_____

_____

_____

_____

6 Wer hat die Gegenstände gestohlen? Kreuze die richtige Antwort an.

A ein unbekannter Einbrecher ☐
B Julius Böckner ☐
C Engelbert Sackmann ☐
D Julius Böckner und Engelbert Sackmann gemeinsam ☐

7 Erkläre, durch welchen Hinweis du den Täter überführen konntest. Belege deine Antwort am Text.

_____

_____

Dem Täter auf der Spur | 3.3.1 Texte sinnerfassend lesen

Klassenarbeit

Klartext 7
Seite 77

Klassenarbeit: über Ereignisse berichten

Name: _____   Datum: _____

Überfall in einer Vorstadtvilla – Kommissar Fuchs nächster brisanter Fall

Freitag, 18. Mai – um 12.00 Uhr – Senden, Vorort von Münster – Villa der Familie Kroker – Herr Kroker außer Haus auf Dienstreise – alle drei Kinder im Kindergarten und in der Schule – Frau Kroker beim Einkaufen – Geld und Wertgegenstände im Wert von 20 000 Euro aus dem Safe gestohlen – Hund stellt Einbrecher – Pistole – Biss ins Handgelenk – Schuss geht in die Wand – Flucht ins Badezimmer, erster Stock – Frau Kroker kehrt vom Einkauf zurück – Polizei – Festnahme

1 Formuliere anstelle des Hauptkommissars einen schriftlichen Bericht für die Dienststelle.
   a) Plane deinen Text, indem du dir einen Schreibplan anlegst und darin die Antworten zu den Ermittlungsfragen *(Was ist passiert? Wer war beteiligt? …)* notierst. Die Bilder und die Stichpunkte liefern dir die Antworten.
   b) Schreibe mithilfe deines Schreibplans einen Bericht.

2 Überarbeite deinen Bericht.

Dem Täter auf der Spur | Schriftlicher Aufgabentyp 2: Auf der Basis von Material berichten

Klartext 7
Seite 77

Beurteilungsbogen

Über Ereignisse berichten – das konntest du

1 Du hast deinen Bericht **geplant** und dabei		**Punkte**
	einen Schreibplan erstellt und darin Antworten auf die W-Fragen notiert: – Was ist passiert? – Wer war beteiligt? – Wann geschah es? – Wo hat sich dies ereignet? – Wie ist es passiert? – Warum ist es passiert? – Welche Folgen ergeben sich daraus?	
2 Du hast deinen Bericht **geschrieben** und **überarbeitet**. Er erfüllt nun die folgenden Kriterien: Du hast		
	alle Informationen zu den Ermittlungsfragen aufgenommen;	
	in der Einleitung das Ereignis kurz dargestellt (Was? Wer? Wann? Wo?);	
	im Hauptteil formuliert, wie und warum es dazu gekommen ist (Wie? Warum?);	
	im Schlussteil die Folgen des Ereignisses genannt (Welche Folgen?).	
3 Du hast dich in deinem Bericht **sprachlich richtig ausgedrückt**, das heißt,		
	sachlich geschrieben;	
	die Zeitform Präteritum verwendet;	
	Rechtschreibung, Zeichensetzung und Grammatik beachtet.	

Insgesamt hast du _____ von _____ Punkten erreicht.

Das ergibt die Note: _____

Dem Täter auf der Spur | Schriftlicher Aufgabentyp 2: Auf der Basis von Material berichten

Differenzierungsmaterial A

Klartext 7
Seite 84/85
Aufgabe 2/3

Zu Freunden stehen – Fragen zu einem Text beantworten

2 Beantworte folgende Fragen mithilfe der Textausschnitte. Gehe dabei so vor, wie im TIPP (Schülerband, S. 85) beschrieben.

a) Wie verhält sich Britta auf dem Pausenhof?

> Britta steht auf dem Hof. Sie steht alleine, und sie sieht mies aus. Seit Tagen ist es immer dasselbe: Mit dem Pausengong erhebt sie sich, durchquert die Klasse, geht auf den Hof und bleibt dort, fast regungslos, am immer gleichen Platz stehen. Wenn einer kommt, sie anquatscht oder sich einfach bloß neben sie stellt, dann reagiert sie entweder gar nicht oder sie sagt: „Lass mich in Ruh!" Immer wieder nur: „Lass mich in Ruh!"

b) Warum hat Bert am Anfang der Geschichte so große Probleme, auf Britta zuzugehen?

> Bert hat es auch schon ein paarmal probiert. Ist zu ihr hingelaufen, hat so was wie „Lass uns doch reden!" gesagt. „Lass mich in Ruh!" Also gut, hat er gedacht, dann lassen wir sie halt, die Gnädigste! Die anderen haben alles beobachtet. Sie versuchen zwar, sich nichts anmerken zu lassen, aber Bert spürt es genau. Es ist wie zwischen den Zeilen lesen. „Wer nicht will, der hat schon!", sagt er. Er spürt, dass sie denken, er sei an allem schuld. Sie sagen nichts. Sie tun, als wär nichts. Sie verhalten sich scheinbar so völlig normal. Aber nur scheinbar!
> In Wirklichkeit verständigen sie sich untereinander: mit den Augen, mit irgendeinem bedeutungsvollen Grinsen. Manchmal, wenn sie meinen, er kriege nichts mit, dann sieht er, wie die Zeichen hin und her fliegen.

c) Weshalb ringt sich Bert wohl trotzdem durch, auf Britta zuzugehen?

> Bert steht bei den andern und fühlt sich allein. Obwohl er versucht, an etwas anderes zu denken, muss er immer wieder zu Britta rüberschauen. Wahrscheinlich haben das alle längst bemerkt, wahrscheinlich beobachten sie ihn aus den Augenwinkeln. Sie werden denken, dass er einen Stich hat.
> […] Hauptsache, sie – ach, er weiß ja selber nicht, was. Für einen kleinen Moment verstärkt er den Druck auf ihre Schulter. Diesmal war's kein Fremder in ihm, diesmal war er's selber: Er drückt sie sanft und lässt sie wieder los. Sollen die andern doch denken, was sie wollen. Hauptsache, sie – er will halt –, er rückt noch ein bisschen näher an sie ran.

3 Einige Schüler haben sich Gedanken darüber gemacht, was die Freundschaft zwischen Bert und Britta auszeichnet. Welche Aussage trifft deines Erachtens am ehesten zu? Begründe deine Meinung mithilfe des Textes.

> Die beiden sind irgendwie anders als ihre Mitschüler. Sie machen sich nicht so viel aus dem Geläster der anderen. Deswegen passen sie gut zusammen.

> Britta ist Bert wichtiger als die Meinung der Klasse. Er nimmt sogar deren Geläster in Kauf. Das macht man wirklich nur für gute Freunde!

> Sie handeln ganz spontan, ohne zu denken; und können einander auch ohne Worte verstehen.

Für immer Freunde? | 3.2.7 Fragen zu Texten beantworten

Klartext 7
Seite 86/87
Aufgabe 2–6

Differenzierungsmaterial A

Von Freunden lernen – eine Erzählung zusammenfassen

2 a) Wer sind die Hauptpersonen in der Geschichte? Markiere im Text (Folie).
b) Bringe die folgenden Stichwörter zum Inhalt der Geschichte in die richtige Reihenfolge und schreibe sie in dein Heft.
- Schlussfolgerung: Nicht Benjamin, sondern Josef lernt beim gemeinsamen Spielen etwas.
- Der Vater verbietet Benjamin, mit Josef zu spielen.
- Vater und Sohn sprechen darüber, wozu Freunde da sein sollten.
- Der Vater begründet das Spielverbot.

3 Lies die folgenden Fragen und kreuze die passenden Antworten an.
a) Worüber unterhalten sich Benjamin und sein Vater?

  A Sie diskutieren darüber, ob Benjamin draußen spielen darf. ☐
  B Sie sprechen über Orte, an denen man Katzen entdecken kann. ☐
  C Sie sprechen darüber, wozu Freunde gut sind. ☐
  D Sie unterhalten sich über geistig behinderte Kinder. ☐
  E Sie stellen fest, dass Benjamin zu wenig Freunde hat. ☐

b) Was ist das Besondere an Josef?

  A Josef weiß, wo sich Katzen verstecken, und kann diese anlocken. ☐
  B Josef kann Papierschiffchen schnell schwimmen lassen. ☐
  C Josef spielt gut Fußball. ☐
  D Josef findet schöne Blätter und Steine. ☐
  E Josef sieht mehr als andere Kinder. ☐

4 Was ist für Benjamin Freundschaft? Was bedeutet sie für seinen Vater?
a) Unterstreiche im Text die Stellen, die die Ansichten der beiden verdeutlichen (Folie).
b) Übertrage die Tabelle in dein Heft und ordne darin deine Unterstreichungen ein.

Was bedeutet Freundschaft für …

… Benjamin	… seinen Vater
– interessante Dinge zusammen sehen	

5 Schreibe mithilfe deiner Notizen eine kurze Inhaltszusammenfassung zum Text. Gehe so vor, wie im TIPP (Schülerband, S. 87) beschrieben. So kannst du beginnen:
In der Erzählung „Freunde" von Gina Ruck-Pauquèt unterhalten sich ein Junge namens Benjamin und sein Vater miteinander. Dabei geht es um …

6 a) „Was heißt das", fragte Benjamin, „sich nach oben orientieren?" „Das heißt, dass man sich Freunde suchen soll, zu denen man aufblicken kann." Was meint der Vater damit? Kreuze an.

  A Man soll sich Freunde suchen, die in der Schule schlechter sind als man selbst. ☐
  B Man soll sich Freunde suchen, die deutlich größer sind als man selbst. ☐
  C Man soll sich Freunde suchen, die einem ein Vorbild sein können, weil sie z. B. intelligenter sind als man selbst. ☐

b) Wie stehst du zur Ansicht des Vaters? Begründe deine Meinung.

Für immer Freunde? | 3.2.6 Literarische Texte inhaltlich zusammenfassen

Differenzierungsmaterial A

Klartext 7
Seite 93

Eine Textuntersuchung überarbeiten

In dem Text „Zwei Freunde und ein Bär" geht es um die Freundschaft
zwischen zwei Männern. Sie wollten sich immer beistehen.

Als ihnen auf dem Weg ein Bär begegnet, klettert der eine sofort auf einen

Baum. Der andere legte sich total überrascht auf den Boden und stellte

5   sich tot, weil er hoffte, dass der Bär keine Toten mag. Der Bär kam näher,

leckte dem auf dem Boden liegenden Mann das Ohr, drehte ihn herum und

ging dann davon. Als der Bär weg war, kam der Freund vom Baum herunter

und fragte den anderen, was der Bär gesagt hat. Dieser antwortet, dass

der Bär ihn gewarnt hat.

10 Der Freund hat sich dem anderen gegenüber nicht fair verhalten, als er auf

den Baum geklettert ist. Denn damit hat er in Kauf genommen, dass der

andere verletzt oder sogar getötet werden könnte. Vielleicht hat er so

reagiert, weil er so große Angst vor dem Bären hatte. Trotzdem hätte er

den anderen nicht im Stich lassen dürfen. Er hätte ihm z. B. helfen können,

15 mit ihm auf den Baum zu klettern, um sich auch dort zu verstecken. Deshalb

finde ich, dass die Lehre der Fabel stimmt.

Randnotizen:
Autor fehlt

Wie und wo
kommt es zur
Begegnung?
Zeitform Präsens!

Wovor hat der
Bär gewarnt?

1   Überarbeite die Textuntersuchung eines Schülers mithilfe der CHECKLISTE.
Ergänze dazu die Notizen am Rand: Was müsste noch verbessert werden?

2   **a)** Schreibe den Text in überarbeiteter Form in dein Heft.
b) Besprecht anschließend eure Texte in einer Schreibkonferenz.

☑ | **CHECKLISTE**

Eine Textuntersuchung überarbeiten
1. Enthält deine **Einleitung** Angaben zum Titel, Autor und Thema?
2. Fasst du das Wesentliche des Inhalts **mit eigenen Worten** zusammen (*Wer sind die Hauptpersonen? Wer erzählt die Geschichte? Was passiert? ...*)?
3. Beantwortest du die Aufgaben zum Text ausreichend?
4. Begründest du deine Antworten?
5. Formulierst du deinen Text im **Präsens**?
6. Legst du zum Schluss deine **Meinung zu einer Textstelle oder einer vorgegebenen Frage** dar und begründest sie?

Für immer Freunde? | 3.2.1 Einen Text überarbeiten

© 2010 Westermann, Braunschweig • ISBN 978-3-14-290177-0

Klartext 7
Seite 97–99

Zusatzmaterial

Im Blickpunkt: Lesen

Suche Oma!
Anja Tuckermann

Montag. In der Schule beschwerte sich Lina.
„Hast am Wochenende nicht mal angerufen."
Vergessen. Über Nora und die Bande hatte Steffi
ihre Freundin Lina total vergessen. Und Steffi
5   hatte Schweigen geschworen. Also schwieg sie.
Zuckte nur die Schultern.
„Was ist denn mit dir los?", fragte Lina.
Da fing der Unterricht an und Steffi konnte nicht
mehr antworten. In der Pause aber dachte sie,
10 wozu? Sie ist doch meine beste Freundin. Also
erzählte sie Lina vom Museum im Bauwagen,
wie Nora, Tarik und Can es dort eingerichtet
hatten.
„Weißt du noch, wie sie mal mit vollen Tüten an uns vorbeigegangen sind, ohne was zu sagen? Da
15 hatten sie den Bauwagen gerade aufgekriegt."
Lina war begeistert.
„Dann könnten doch Leute kommen und die Sachen angucken. Und natürlich müssen sie Eintritt
zahlen. Wir basteln die Eintrittskarten und sitzen an der Kasse."
Aber das war unmöglich. Erstens sollte Steffi nichts weitererzählen, also durfte Lina nicht wissen, was
20 sie jetzt wusste. Außerdem war der Bauwagen ein Versteck, deshalb durfte es niemand herausfinden,
es konnte also auch keine Besucher geben. Und drittens konnten sie sich im Bauwagen schon zu viert
kaum bewegen, er war zu klein für ein fünftes Bandenmitglied. Und die anderen wären sowieso
dagegen. Sie wollten ja auch Steffi erst nicht dabeihaben. Lina war enttäuscht.
„Kann ich wenigstens mal gucken?"
25 „Dann sind alle sauer auf mich, weil ich es dir verraten habe."
Lina schwieg.
„Sei nicht traurig", sagte Steffi. „Vielleicht fällt mir ja noch ein Trick ein, wie ich das hinbiegen
könnte."

[aus: Tuckermann, Anja: Suche Oma!, Ravensburger Buchverlag: Ravensburg 2004, S. 126/127]

1 a) Lies den Text. Kreuze dann diejenige Aussage an, welche deiner Meinung nach am besten dazu passt.

- A Freunde darf man anlügen, wenn es nicht anders geht. ☐
- B Verschiedene Freundesgruppen lassen sich nicht vereinbaren. ☐
- C Vor der besten Freundin sollte man keine Geheimnisse haben. ☐
- D Es macht nichts, wenn man vergisst, Freunde anzurufen. ☐

b) Markiere im Text die Sätze, mit denen sich deine Antwort begründen lässt.

2 Wie hättest du dich an Steffis Stelle verhalten? Hättest du deiner besten Freundin das Geheimnis verraten? Nimm Stellung.

3 Wie könnte Steffi erreichen, dass ihre beste Freundin Lina ein Bandenmitglied wird? Was könnte Lina dafür tun? Halte deine Ergebnisse in einer Tabelle fest.

Klassenarbeit

Klartext 7
Seite 94

Klassenarbeit: einen Text untersuchen und bewerten

Name: _____   Datum: _____

Das Mädchen, das keinen Ball fing
Roberto Piumini

Lela wollte keinen Ball fangen.
Lela war ein gesundes, intelligentes Mädchen, sie konnte gut springen und spielte immer gern: Nur wenn ihr jemand einen Ball zuwarf, dann ließ sie ihn fallen, sie hob nicht einmal die Arme, um ihn zu fangen, sie drehte sich einfach weg.

5 „Lela, warum fängst du den Ball nicht?"
„Ich weiß nicht."
„Fang den Ball, Lela!"
Aber Lela fing ihn nicht. [...]
In der Schule freundete sie sich mit einem Mädchen an, das Patty hieß. Sie mochten sich sehr gern und

10 steckten immer zusammen. Sie spielten die alten Spiele und erfanden neue. Sie sprachen in Geheimsprache miteinander und erzählten sich Witze, über die nur sie lachen konnten. Besonders Patty war eine Meisterin im Witzeerzählen. Eines Tages warf Patty Lela einen Ball zu, und Lela fing ihn nicht. Patty hob den Ball auf und warf ihn ihr wieder zu. Aber Lela fing ihn wieder nicht. [...]
Drei Wochen später hatte Lela Geburtstag. Sie wurde neun. Es gab ein kleines Fest mit Freunden und

15 Verwandten. Alle brachten Geschenke, und Lela freute sich und packte sie aus. Das von Patty war ein großes, leichtes Paket. Lela ließ es bis zuletzt, um die Spannung richtig auskosten zu können. Dann machte sie es auf. Es war eine große Schachtel und darin Verpackungswolle, und in der Wolle eine Glaskugel, zweimal so groß wie ein Fußball, und auf das Glas war ein Netz feiner Linien gezeichnet. [...]

20 „Was ist das, Patty?", fragte Lela und schaute auf.
„Ein zukünftiger Globus", antwortete die Freundin, „die Meridiane und Breitenkreise sind schon eingezeichnet: Den Rest machst du."
Dieses Geschenk gefiel Lela mehr als alle anderen. [...]
„Wie geht es der Welt, Lela?", fragte Patty am Telefon.

25 „Ich bin bei Texas, Patty!"
Und an einem anderen Tag: „Bei welchem Meer bist du, Lela?"
„Mitten im Pazifik, Patty! Ich habe mit Polynesien begonnen: Eine Heidenarbeit, aber es kommt richtig gut!"
Lela war nie mehr langweilig.

30 Drei Tage später fand Patty Lelas Welt auf dem Tisch vor dem Bücherregal feierlich ausgestellt. Die Meere und die Länder funkelten, der Schnee glitzerte: auch die winzig kleinen Schneeflächen der Schweiz. Wie ein froher Mond kreiste Lela um ihren Globus und betrachtete ihn. [...]
„Tja. Ist die Farbe schon ganz trocken?", fragte Patty.
„Natürlich."

35 „Dann kann man ihn anfassen?"
„Nun ja … mit einem Finger. Aber ganz vorsichtig … Drüberstreichen kann man."
„Dann streich ich einmal drüber", sagte Patty. Sie ging zu dem Globus hin, strich mit einem Finger drüber, dann nahm sie ihn in beide Hände.
„Patty, was machst du?", rief Lela erstarrt.

40 „Ich nehme den Globus", sagte die Freundin und hob ganz langsam die Kugel vom Gestell [...] herunter.
„Warum? Pass auf, ich bitte dich!", sagte Lela und biss sich in die Unterlippe. „Was hast du vor?"
Patty drehte sich zu ihr um, den Globus in den Händen.

Für immer Freunde? | Aufgabentyp 4a): Literarische Texte untersuchen und bewerten   **56**

Klartext 7
Seite 94

Klassenarbeit

„Wirklich schön", sagte sie.

45 „Stell ihn wieder hin, Patty, ich bitte dich."

„Nein, ich werfe ihn dir zu, Lela."

„Nein! Warum?"

„Als Spiel."

„Patty, ich will das nicht spielen, bitte. Ich kann das nicht, du weißt es."

50 „Schade", sagte Patty sehr ernst, „er wird auf den Boden fallen und zerbrechen: ciao, ihr Meere, Länder, Flüsse, ciao, Patagonien, ciao, Schweiz."

„Patty, nicht."

„Doch, ich werfe. Eins … zwei …"

Lela zitterte. Sie schloss einen Moment die Augen, dann öffnete sie sie wieder.

55 „Drei!"

Patty warf Lela die Welt zu, und Lela hob die Arme, breitete sie aus und fing den Globus.

„Ich habe ihn gefangen!", sagte sie.

„Tja", sagte Patty.

Sie schauten sich kurz an und brachen in ein Gelächter aus, als ob sie sich ihre geheimen Witze

60 erzählten.

Dann kehrte die Welt auf das [...] Gestell zurück und wurde betrachtet und bewundert und dann vergessen, wie es eben auch aufwendigsten Dingen ergeht. Aber von diesem Tag an fing Lela den Ball, wenn ihr jemand einen zuwarf. Und vielleicht war das nicht wichtig für ihr Leben oder vielleicht doch.

[aus: Gutzschhahn, Uwe-Michael (Hrsg.): Ich möchte einfach alles sein. Geschichten, Gedichte und Bilder aus der Kindheit, München: Deutscher Taschenbuch Verlag 1999]

1 Plane deinen Text, indem du die Erzählung genauer untersuchst.
Mache dir dazu Notizen zu folgenden Fragen:
Wer sind die Hauptpersonen?
Welches Problem hat eine der Personen?
Wie wird dieses Problem gelöst?

2 Schreibe deine Textuntersuchung als zusammenhängenden Text.
a) Formuliere einen kurzen Einleitungssatz.
b) Fasse den Inhalt der Erzählung mit eigenen Worten zusammen.
c) Beantworte schriftlich folgende Fragen zum Text:
A) Was macht die Freundschaft zwischen Lela und Patty aus? Beschreibe sie.
B) Welche Bedeutung kommt dem Globus zu? Wie verändert er Lelas Leben?
C) Findest du es richtig, dass Patty ihrer Freundin Lela den mühevoll bemalten Globus zuwirft und damit riskiert, dass er zerbricht? Begründe deine Meinung.

3 **a)** Überarbeite deinen Text.
b) Kontrolliere Rechtschreibung, Zeichensetzung und Grammatik.
c) Schreibe deinen überarbeiteten Text noch einmal ab, falls nötig.

Für immer Freunde? | Aufgabentyp 4a): Literarische Texte untersuchen und bewerten

Beurteilungsbogen

Klartext 7
Seite 94

Einen Text untersuchen und bewerten – das konntest du

1 Du hast deine Textuntersuchung **geplant** und dazu		**Punkte**
	die Hauptpersonen benannt;	
	Lelas Problem erkannt;	
	die Lösung des Problems beschrieben;	
	die Erzählform richtig bestimmt;	
	stichpunktartig die Fragen zum Text beantwortet.	
2 Du hast deine Textuntersuchung **geschrieben** und **überarbeitet**. Sie erfüllt nun die folgenden Kriterien: Du hast		
	den Text sinnvoll in Einleitung, Hauptteil und Schluss untergliedert;	
	einen kurzen Einleitungssatz formuliert, der Informationen zu Titel, Autor und Thema enthält;	
	den Inhalt der Erzählung mit eigenen Worten zusammengefasst;	
	alle Fragen zum Text ausreichend beantwortet;	
	abschließend deine Meinung dargelegt und diese ausreichend begründet;	
	alle geforderten Aspekte der Textuntersuchung in ganzen Sätzen und sinnvoller Reihenfolge dargelegt.	
3 Du hast dich in deiner Textuntersuchung **sprachlich richtig ausgedrückt**, das heißt,		
	durchgehend das Präsens verwendet;	
	wörtliche Rede vermieden;	
	die Sätze sinnvoll verknüpft;	
	Rechtschreibung, Zeichensetzung und Grammatik beachtet.	

Insgesamt hast du _____ von _____ Punkten erreicht.

Das ergibt die Note: _____

Für immer Freunde? | Aufgabentyp 4a): Literarische Texte untersuchen und bewerten

Klartext 7
Seite 108

Differenzierungsmaterial A

Floßfahrt mit Schlauch – eine Vorgangsbeschreibung überarbeiten

Eine Floßfahrt planen

Materialliste:

2 Reifenschläuche, ein großes Holzbrett, Bleistift, Bohrer,
2 kräftige Seile

Arbeitsschritte:

5 Zuerst werden die beiden Reifenschläuche auf das Brett gelegt.
Die Umrisse werden mit dem Bleistift nachgezeichnet. Darum
herum bohrt man einige Löcher in das Brett. Nun legt man die
Reifenschläuche auf das Holzbrett. Die Schläuche werden
festgebunden, indem die Seile durch die Löcher gezogen werden.

10 Dann wird das Ganze umgedreht und ist fahrtüchtig. Wer will,
kann vorher noch das Brett so zurechtsägen, dass es den Umrissen
der Schläuche entspricht.
So ein Floß kann man relativ leicht selbst bauen. Beim Bohren und
Sägen muss man natürlich aufpassen.

Die Überschrift passt nicht!

Welche Umrisse?
Was passiert solange mit den Schläuchen?

Wie befestige ich die Seile?

Worauf muss man besonders achten?

1 Untersuche die Vorgangsbeschreibung mithilfe der CHECKLISTE.
Hake in der CHECKLISTE ab, was du in der Anleitung findest.

2 Überarbeite die Vorgangsbeschreibung mithilfe der Hinweise am Seitenrand.

☑ CHECKLISTE

Eine Vorgangsbeschreibung überarbeiten

☐ 1. Hast du eine passende **Überschrift** formuliert?
☐ 2. Ist die **Materialliste** (auch Werkzeuge) vollständig?
☐ 3. Hast du die **Arbeitsschritte in der richtigen Reihenfolge** beschrieben?
☐ 4. Bist du im **Schlusssatz** auf Nutzungsmöglichkeiten oder Schwierigkeiten eingegangen?
☐ 5. Hast du die Beschreibung **gegliedert** (Überschrift, Materialliste, Arbeitsschritte, Schlussbemerkung, Absätze)?
☐ 6. Hast du **treffende Verben** verwendet?
☐ 7. Hast du die **Sätze** sinnvoll miteinander **verbunden** (*zuerst, danach, gleich darauf ...*)?
☐ 8. Hast du im **Präsens** geschrieben?

Willkommen im Camp | 3.2.1 Eine Vorgangsbeschreibung überarbeiten

Zusatzmaterial

**Klartext 7
Seite 110**

Im Blickpunkt: Sprache betrachten

Wenn du mehrere Tage im Wald unterwegs bist, musst du dich auch mit Essen versorgen. Dazu solltest du eine Kochstelle bauen können.

- ☐ _____ langen Ast am hinteren Ende mit Stein beschweren, sodass er schräg nach oben zeigt
- ☐ _____ auf der Windseite eine Öffnung lassen und Zweige dort anzünden
- ☐ _____ Topf mit Henkel über vorderes Astende hängen
- ☐ _____ wenn Zweige brennen, dickeres Holz nachlegen
- ☐ _____ einige dünne Zweige wie ein Zelt aufschichten
- ☐ _____ kurze, dicke Astgabel in Boden rammen
- ☐ _____ kurzen, starken Ast quer über Astgabel legen

1 Nummeriere die einzelnen Arbeitsschritte in der richtigen Reihenfolge.

2 Setze vor jeden Arbeitsschritt ein passendes Verbindungswort, um die Reihenfolge deutlich zu machen. Folgende Ausdrücke kannst du verwenden:

*zuerst – zu Beginn – zunächst – als Nächstes – nun – danach – anschließend – jetzt –
im Anschluss daran – dann – schließlich – zum Schluss – abschließend – als Letztes*

3 Notiere, welche Materialien du für den Bau der Kochstelle benötigst.

Materialliste:

_____

_____

4 Schreibe eine vollständige Anleitung für dein Camp-Handbuch. Lies dazu den TIPP im Schülerband auf Seite 107. Überlege dir auch eine passende Überschrift.

Willkommen im Camp | 3.4.5 Komplexe Satzgefüge bilden

Klartext 7
Seite 112–115

Zusatzmaterial

Im Blickpunkt: Lesen

Survival-Trip
Wolfram und Philipp Eicke (Textauszug)

Der Elch ist verschwunden und Christoph traut sich von seinem Baum herunter. Er weiß, dass Alexander seine Hilfe braucht, und findet ihn am See.

5 Alexander stützt sich auf den Felsen am Ufer. Eine Hand presst er gegen die Brust. Er keucht: „Gut, dass du kommst! Wir müssen den Rucksack aus dem Wasser holen!" „Scheiß auf den Rucksack!",
10 schreie ich. „Was ist mir dir?" Er verzerrt seinen Mund zu einem schiefen Grinsen: „Hab einen saftigen Leberhaken abgekriegt. Fühlt sich an, als ob ein paar Rippen gebrochen sind." Alexander lässt sich auf den Boden sinken, er hält sich die schmerzende Brust und kann kaum sprechen. „Hol den Rucksack raus!", stößt er hervor.
15 Ich gehorche. Wenn's ihm wichtig ist ... An welcher Stelle ist der blöde Rucksack reingeplumpst? Wo muss ich suchen? Zum Glück ist das Wasser nicht tief. Und total klar. Nach ein paar Minuten ziehe ich das tropfnasse Ding ins Trockene. Und nun? „Leberhaken! Rippen gebrochen!" Wie ein Echo hallen die Wörter durch meinen Kopf. „Wir müssen hier weg!", murmelt Alexander, „irgendwohin, raus aus ihrem Revier!" Ich schnappe mir beide Rucksäcke, den nassen und den trockenen. Alexander schleppt
20 sich neben mir her. „Stütz dich auf mich!", sage ich und lege seinen Arm über meine Schulter. Wie gut, dass ich meinen Wanderstock habe! Sonst würde ich zusammenbrechen.
In der normalen Welt könnten wir übers Handy einen Krankenwagen rufen. Hier gibt's ja nicht mal Straßen – geschweige denn ein Netz für Mobilfunk! Wie sollen wir morgen den Rückweg zum Camp schaffen? Wieder kommen wir an einen kleinen See mit vielen Ufersteinen. Zwischen einigen Bäumen
25 liegt eine erhöhte Felsplatte. Das wäre ein guter Platz für die Nacht. Glühend rot steht die Abendsonne am Himmel. Alexander lässt sich auf den Boden sinken. Plötzlich weiß ich ganz automatisch, was ich zu tun habe. Meine Augen gucken zu, wie mein Körper arbeitet. Alexanders Rucksack auskippen, alles auf der warmen Felsplatte verstreuen. Zum Trocknen. Den nassen Schlafsack ausbreiten! Und die Hängematte. Mist! Die Stäbe sind gebrochen. Alexander muss liegen. Das ist der einzige Gedanke. Ich
30 nehme meine Hängematte. Spanne sie auf. Und das Mückennetz. Für Alexander. Hole meinen Schlafsack. Er ist ja trocken. Ich wuchte Alexander vom Boden hoch und helfe ihm, in die Hängematte zu klettern. Für mich wird sich schon noch was finden. Später.
Erst mal Feuerholz sammeln! Alexander braucht einen Tee. Er stöhnt vor Schmerzen und hält sich die Brust. Rasch suche ich trockene Zweige zusammen. Natürlich ist das Feuerzeug nass geworden. „Wie
35 funktioniert das", frage ich Alexander, „das mit dem Magnesiumstab?" „Hol das kleine rote Etui!", keucht er mühsam. Ich finde es. Nehme einen eckigen, länglichen Stein raus. Daran hängt, mit einem Faden festgemacht, eine stumpfe Nadel aus Eisen. „Kratz und scheuer damit auf dem Magnesiumstab rum!", sagt Alexander. Ich probiere es. Ein Funkenregen sprüht hervor, wie eine Flutwelle. Millionen glühende Tropfen prasseln in die Dämmerung. Wie bei einem Feuerwerk. Aber so viel ich auch kratze
40 und streiche: Die Funken reichen nicht aus, um ein Stück Papier aus meinem Notizbuch zu entzünden. Sie geben keine Flamme. Das Trockenste, was ich finden kann, sind ausgedörrte Strohhalme. Ich zerbreche sie und reiße sie in dünne, kleine Fäden; dazwischen mische ich brüchige Fasern von vertrocknetem Moos und winzig kleine, ausgerissene Papierschnipsel. Eine Geduldsprobe! Zum Glück geht die Sonne in Schweden erst spät unter. Schließlich liegt vor mir ein bröseliger Klumpen wie ein
45 Wollknäuel. Ich lege feinste, dürre Reisigzweige drauf. Jetzt der Magnesiumstab! Einzelne Fasern in

Willkommen im Camp | 3.3.1 Über Strategien und Techniken des Textverstehens verfügen

Zusatzmaterial

Klartext 7
Seite 112–115

dem dürren Knäuel glühen kurz auf. Und verlöschen wieder. Ein neuer Funkenregen! Und weitermachen! Einfach weitermachen! Das Knäuel brennt! Papier dazuschieben! Ein erstes Stück Reisig fängt Feuer. Nun das zweite. Und noch eins ...

Es ist ein stiller, verbissener Kampf. Ich ertappe mich dabei, dass ich plötzlich auch zu dem Feuer
50 spreche. Wie Alexander. Und ich bringe es zum Wachsen. Schon beleuchtet das Feuer die Steinplatte und die Bäume ringsum. In seiner Hitze brennen nun auch die dickeren Zweige. „Danke, Feuergeist!", flüstere ich. Die Sonne ist untergegangen. Ich hab allein ein Feuer in Gang gebracht! Ohne Feuerzeug. Ich bin total stolz! Meine ganz eigene Leistung! Ich schaue zu Alexander. Er sieht das Feuer nicht. Er ist eingeschlafen. [...] Nun bin ich sogar noch stolzer auf mich. Ich hab ihm meinen Schlafsack und
55 meine Hängematte gegeben ...

Im Feuerschein durchsuche ich die zerstreuten Sachen aus Alexanders Rucksack. In der Plastikdose muss doch noch ein Stück altes Brot sein! Natürlich aufgeweicht. Igitt! Aber ich finde noch etwas anderes. Einen Schatz: zwei aufgeweichte Päckchen Tütensuppe. Mit kleinen Nudeln drin! Alexanders heimliche Reserve. Gleich gibt es Suppe! Ich kann es kaum abwarten. [...]
60 Endlich kocht das Wasser. Einen Teil gieße ich in den Deckel des Kochgeschirrs, für den Tee. In den Topf schütte ich eine Tütensuppe. Nein, gleich beide Portionen! Falls Alexander aufwacht und Hunger hat. Zur Not kann man's morgen aufwärmen. Die Suppe ist recht dünn. Damit sie nahrhafter wird, brocke ich Brotkrümel rein. Wird schon schmecken. Und wie! So köstlich hat mir selten ein Essen geschmeckt. Ein prickelndes Gefühl durchrieselt mich. Es fühlt sich an wie – Nein, das kann doch
65 kein Glück sein! Glücklich ist man nur, wenn das Leben bequem ist. Dachte ich bisher. Hier ist nichts bequem. Ich bin erschöpft und verschrammt, in der Hängematte liegt der verletzte Alexander, irgendwo im Dunkeln lauern gefährliche Tiere, keiner weiß, wie es morgen weitergeht, und ich hab nicht mal einen trockenen Schlafsack ... Aber es ist so: Ich bin glücklich. Stolz auf meine Leistung und dankbar für eine lausige Tütensuppe mit aufgeweichten Brotkrumen! Wenn das meine Mutter wüsste!
70 Das Feuer knistert und prasselt und faucht. Wie ein lebendiges Wesen. Wie ein Freund.

[aus: Eicke, Wolfram und Philipp: Survival-Trip, Schroedel: Braunschweig 2009, S. 80–88]

1 Kreuze die richtige Antwort an:

   A Christoph trägt beide Rucksäcke und stützt außerdem Alexander. ☐
   B Alexander und Christoph schleppen jeweils ihren eigenen Rucksack. ☐
   C Christoph trägt nur seinen Rucksack, denn Alexanders bleibt im Wasser. ☐
   D Alexander kippt seinen Rucksack auf der Felsplatte aus. ☐

2 Notiere die einzelnen Arbeitsschritte, in denen Christoph das Feuer entzündet.

Material: _____

   1. _____

   2. _____

   3. _____

   4. _____

3 Nenne die Gründe, warum Christoph stolz auf sich ist.

_____

_____

4 In Zeile 65 heißt es: „Glücklich ist man nur, wenn das Leben bequem ist." Nimm Stellung zu dieser Aussage und begründe deine Meinung. Schreibe in dein Heft.

Willkommen im Camp | 3.3.1 Über Strategien und Techniken des Textverstehens verfügen

Klartext 7
Seite 109

Klassenarbeit

Klassenarbeit: einen Vorgang beschreiben

Name: _____   Datum: _____

Beschreibe den Bau eines Kompasses in deinem Camp-Handbuch:

1 Plane deine Beschreibung:
  – Betrachte die Skizzen genau und notiere, welches Material du benötigst.
  – Notiere die einzelnen Arbeitsschritte stichwortartig.

2 Beschreibe den Bau eines Kompasses in einem zusammenhängenden Text.
Gib am Schluss einen Hinweis auf die Nutzungsmöglichkeiten des Kompasses oder auf Situationen, in denen der Kompass sehr nützlich sein könnte.

3 Überarbeite deine Beschreibung:
  – Ist deine Materialliste vollständig?
  – Hast du die Arbeitsschritte in der richtigen Reihenfolge genannt?
  – Kontrolliere, indem du unterstreichst: Welche Verbindungswörter hast du verwendet? Wo findest du Fachbegriffe? Welche treffenden Verben hast du benutzt?
  – Hast du im Präsens geschrieben?

Beurteilungsbogen

Klartext 7
Seite 109

Einen Vorgang beschreiben – das konntest du

		Punkte
1 Du hast deine Vorgangs-beschreibung **geplant** und dazu		
	notiert, welches Material du benötigst;	
	die einzelnen Arbeitsschritte notiert.	
2 Du hast deine Vorgangs-beschreibung **geschrieben** und **überarbeitet**. Sie erfüllt nun die folgenden Kriterien: Du hast		
	eine passende Überschrift formuliert;	
	eine vollständige Materialliste erstellt;	
	die Arbeitsschritte in der richtigen Reihenfolge beschrieben: – Flaschendeckel auf Papier legen, Umriss mit Stift umkreisen, Kreis ausschneiden, – vier Himmelsrichtungen auf Kreis zeichnen, – Papierkreis auf offene Seite des Flaschen-deckels kleben, – mit Stabmagnet über die Nadel vom einen Ende zum anderen streichen, – Nadel liegt auf den Himmelsrichtungen des Flaschendeckels, – Nadelspitze nach Norden ausrichten, – Nadel mit Klebstoff auf Papier kleben;	
	im Schlusssatz Nutzungsmöglichkeiten oder Verwendungssituationen genannt;	
	die Beschreibung sinnvoll gegliedert;	
	passende Verbindungswörter verwendet;	
	Fachbegriffe verwendet.	
3 Du hast dich in deiner Vor-gangsbeschreibung **sprachlich richtig ausgedrückt**, das heißt,		
	treffende Verben verwendet;	
	im Präsens geschrieben;	
	die gewählte Anredeform (Man-Form, Du-Form, Passiv-Form, Imperativ-Form) durchgängig verwendet;	
	Rechtschreibung, Zeichensetzung und Grammatik beachtet.	

Insgesamt hast du _____ von _____ Punkten erreicht.

Das ergibt die Note: _____

Willkommen im Camp | Aufgabentyp 2: Auf der Basis von Material sachlich beschreiben

Klartext 7
Seite 121
Aufgabe 8

Differenzierungsmaterial A

Die Brücke am Tay – Kampf zwischen Natur und Technik

8 a) Lies in der Ballade noch einmal die Zeilen 35 bis 40 (Schülerband, S. 119).
b) Welche der folgenden Aussagen kommt der Textstelle in Johnies Sprechblase oben am nächsten? Kreuze an.

  A   Und wie die Lokomotive auch rast und rennt, die werden wir besiegen.   ☐
  B   Und welche Kräfte die Natur auch hat, wir Menschen werden sie mit unserer
      Technik besiegen.   ☐
  C   Unsere Lokomotive wird es schaffen, über die Brücke zu kommen.   ☐

9 a) Lies den Schluss der Ballade, als sich die Windhexen für das nächste Treffen verabreden (Schülerband, S. 119, Z. 57–68).
b) Welche der folgenden Aussagen kommt dem Satz der Windhexe in der Sprechblase oben am nächsten? Kreuze an.

  A   Was Menschen herstellen, ist großartig.   ☐
  B   Die Menschen machen schöne Bilder.   ☐
  C   Alles, was Menschen herstellen, ist wertlos.   ☐

10 Kann der Mensch die Naturkräfte besiegen? Begründe im Heft deine Meinung. Du kannst als Beispiele für deine Argumente die folgenden Zeitungsüberschriften verwenden.

Zahl der Verkehrstoten sinkt dank sicherer Autos   **Handy rettet Bergsteiger**

Glatteis legt Verkehr auf der A7 lahm   **Frühwarnsystem meldete Tsunami**

Flugzeuge löschen Waldbrand   **Taifun auf Philippinen fordert 17 Tote**

Erdbeben in Italien: viele Häuser eingestürzt

Von den Mächten der Natur | 3.3.7 Literarische Texte erschließen

Differenzierungsmaterial A

Klartext 7
Seite 126
Aufgabe 10 A

Nis Randers – die Macht von Sturm und Meer (I)

10 Erzähle aus der Perspektive von Nis in einem Brief an seinen Freund Andreas, was passiert ist.

a) Lies dazu die Ballade (Schülerband, S. 124 und 125) und ergänze den folgenden Erzählplan:

Was Nis fühlte, dachte, sagte:

Was seine Mutter sagte:

1. Nis und seine Mutter sehen das Schiff in der Brandung.

2. Die Mutter beschwört Nis.

3. Nis geht zum Boot und fährt damit zum Schiff.

4. Nis kommt mit seinem Bruder Uwe zurück.

b) Setze den folgenden Anfang im Heft fort.

Lieber Andreas,
du hast lange nichts mehr von mir gehört. Allerdings liegt auch eine aufregende Zeit hinter mir, von der ich dir gerne schreiben möchte.
Vor gut einer Woche gab es bei uns einen fürchterlichen Sturm …

Von den Mächten der Natur | 3.2.2 Einen Text aus der Sicht einer literarischen Figur schreiben

Klartext 7
Seite 126
Aufgabe 10 B

Differenzierungsmaterial A

Nis Randers – die Macht von Sturm und Meer (II)

10 Erzähle aus der Perspektive der Mutter in einem Brief an die Schwester Martha, was passiert ist.

a) Lies dazu die Ballade (Schülerband, S. 124 und 125) und ergänze den folgenden Erzählplan:

Was die Mutter fühlte, dachte, sagte:		Was Nis sagte:
	1. Nis und seine Mutter sehen das Schiff in der Brandung.	
	2. Die Mutter beschwört Nis.	
	3. Nis geht zum Boot und fährt damit zum Schiff.	
	4. Nis kommt mit seinem Bruder Uwe zurück.	

b) Setze den folgenden Anfang im Heft fort.

Liebe Martha,
heute ist für mich ein Freudentag. Ich kann es noch gar nicht glauben.
Du weißt, dass ich in meinem Leben schon viel Schlimmes durchmachen musste ...

Von den Mächten der Natur | 3.2.2 Einen Text aus der Sicht einer literarischen Figur schreiben **67**

Differenzierungsmaterial A

Klartext 7
Seite 128
Aufgabe 2

Die Ache – eine trügerische Idylle (I)

2 Versetze dich in den alten Michel hinein und antworte auf die Fragen des Reporters. Gib deine Gedanken und Gefühle wieder.

Reporter:

1. Herr Michel, Sie kennen doch die Familie, die bei der Katastrophe verunglückt ist. Weshalb hat sie Ihrer Meinung nach direkt am Ufer gebaut?

Michel:
zu 1.: Die kamen wohl aus der Stadt und wollten dort leben, wo es am schönsten ist, direkt an der Ache.
Ich habe sie noch gewarnt: Die Ache ist nicht immer ruhig, die kann ganz wild und gefährlich werden. Aber die haben nicht auf mich gehört! Ist ja auch lange gut gegangen.

Zu 2.: _____

2. Wie war das denn, als heute Nacht plötzlich die Ache über die Ufer trat? Was haben Sie da gedacht?

3. Konnten Sie erkennen, was unten am Haus geschah? Was haben Sie beobachtet?

4. Was haben Sie heute Morgen gesehen? Was haben Sie da gefühlt?

Von den Mächten der Natur | 3.2.2 Aus der Perspektive einer literarischen Figur erzählen

Klartext 7
Seite 127/128

Differenzierungsmaterial A

Die Ache – eine trügerische Idylle (II)

1 Die folgenden Bilder zeigen die Ereignisse der Ballade. Gib die jeweiligen Verse an und notiere stichwortartig das Geschehen.

Z. 1–15: Familie lebt schon lange in dem Haus an der Ache; bisher ging alles gut.

Z. 16–24: Alter Michel hatte beim Hausbau schon gewarnt: „Denkts an mich!"

Z. 25–

Von den Mächten der Natur | 3.3.7 Literarische Texte erschließen

Differenzierungsmaterial A

Klartext 7
Seite 127/128

Von den Mächten der Natur | 3.3.7 Literarische Texte erschließen

Klartext 7
Seite 129

Differenzierungsmaterial A

Einen Tagebucheintrag überarbeiten

Hallo Arno,
heute habe ich den Garten wieder in Ordnung gebracht. War ja alles in
einem grauenvollen Zustand nach der Katastrophe. Wenigstens meine
schönen Rosen haben nichts abbekommen. Das war nämlich gar nicht so
5 leicht, sie aufzuziehen.
Heute konnte ich beobachten, wie der Nachbar von unten in den Trümmern
seines Hauses wühlte. Seine Tochter war auch dabei, die Armen. Dabei
hatte der alte Michel sie damals gewarnt, als sie so dumm waren und ihr
Haus an die Ache bauten. „Ach was, der Alte spinnt doch!", werden sie wohl
10 gedacht haben. Aber ich habe schon viel gesehen und erlebt in all den
Jahren. Die Natur soll man nicht unterschätzen. Die Leute wollen die
Gefahr nicht sehen. Die denken wohl, es wäre spannend, in der Nähe einer
solchen Naturgewalt zu leben.
Es ging ja auch lange gut. Die Kinder spielten ausgelassen im Garten an der
15 Ache. Ich denke mir nur meinen Teil, wenn ich sie dort oben beobachte.
Einmal meinten die Kinder sogar: „Das Plätschern der Ache ist so schön
beruhigend." Was für ein Leichtsinn war das. Wie oft war ich dort unten
und habe versucht, mit den Eltern zu sprechen. Aber der Vater hat immer
nur abgewinkt. Dabei trägt er doch die Verantwortung für seine Familie!
20 Dann zeigt die Natur ihr anderes Gesicht. Er ist sogar extra zu ihnen
gelaufen, um sie zu warnen. Aber es hat nicht genutzt. Fast das ganze Haus
haben die ungeheuren Fluten mit sich gerissen. Der kleine Junge und sein
Vater sind sogar gestorben. Traurig, traurig. Hätten sie doch bloß auf mich
gehört.

kein Brief (1)

1 Ein Schüler hat einen Tagebucheintrag aus der Sicht des alten Michels geschrieben.
Überarbeite den Tagebucheintrag mithilfe der CHECKLISTE.

a) Notiere bei den unterstrichenen Stellen am Rand jeweils die Nummer des Punktes in der
CHECKLISTE, der nicht beachtet wurde.

b) Unterstreiche weitere Stellen, die überarbeitet werden müssen, und schreibe am Rand die
passende Nummer dazu.

c) Schreibe den Tagebucheintrag verbessert in dein Heft.

☑ CHECKLISTE

Aus der Perspektive einer Figur schreiben
1. Entspricht dein Text der Aufgabenstellung?
2. Gibt dein Text alle wichtigen Ereignisse der Ballade richtig wieder?
3. Erzählst du das Geschehen aus der Sicht der Figur?
4. Machst du dabei das Verhalten und die Absicht der Figur deutlich?
5. Nennt dein Text Gedanken und Gefühle der Figur?
6. Verwendest du durchgehend die Ichform?
7. Steht dein Text in der Vergangenheit?

Von den Mächten der Natur | 3.2.1 Einen Text überarbeiten

71

Klassenarbeit

Klartext 7
Seite 130/131

Klassenarbeit: aus der Perspektive einer Figur schreiben

Name: _____   Datum: _____

Der Lotse
Ludwig Giesebrecht (1792–1873)

„Siehst du die Brigg[1] dort auf den Wellen?
Sie steuert falsch, sie treibt herein
und muss am Vorgebirg[2] zerschellen,
lenkt sie nicht augenblicklich ein.

5 Ich muss hinaus, dass ich sie leite!"
„Gehst du ins offne Wasser[3] vor,
so legt dein Boot sich auf die Seite
und richtet nimmer sich empor."

„Allein ich sinke nicht vergebens,
10 wenn sie mein letzter Ruf belehrt:
Ein ganzes Schiff voll jungen Lebens
ist wohl ein altes Leben wert.

Gib mir das Sprachrohr. Schifflein, eile!
Es ist die letzte, höchste Not!" –
15 Vor fliegendem Sturme gleich dem Pfeile
hin durch die Schären eilt das Boot.

Jetzt schießt es aus dem Klippenrande!
„Links müsst ihr steuern!", hallt ein Schrei.
Kieloben[4] treibt das Boot zu Lande,
20 und sicher fährt die Brigg vorbei.

[aus: Wagner, Karl (Hrsg.): Lehren der Weisheit und Tugend in auserlesenen Fabeln, Erzählungen, Liedern und Sprüchen, 26. Aufl., Fleischer: Leipzig 1875]

1 Brigg: zweimastiges Segelschiff
2 Vorgebirg: vor der Küste liegende Felsen
3 offenes Wasser: nicht durch Hafenmauern geschütztes Wasser, offenes Meer
4 kieloben: Der Kiel ist der Grundbalken eines Schiffes und liegt im Wasser. Wenn der Kiel auf dem Wasser zu sehen ist, dann ist das Boot umgeschlagen.

Von den Mächten der Natur | Aufgabentyp 6b): Einen literarischen Text umgestalten

Klartext 7
Seite 130/131

Klassenarbeit

1 Ein Lotse beobachtet zusammen mit einer anderen Person, die das Meer ebenfalls gut kennt, wie ein Segelschiff im Sturm auf die Küste zusteuert. Beschreibe aus der Sicht dieser zweiten Person in einem Brief an ihre Schwester das dramatische Geschehen.

a) Mache dir zuerst klar, wann wer spricht. Unterstreiche dazu in der Ballade alle Zeilen, die der Lotse spricht. Die Zeichen der wörtlichen Rede geben dir wichtige Hinweise.

b) Plane deinen Text. Schreibe dazu stichwortartig Antworten zu folgenden Fragen auf:
– Wer bist du? Ein anderer Lotse?
– Welche Gedanken gehen dir durch den Kopf, als du die Brigg auf die Küste zusteuern siehst?
– Was fühlst und denkst du, als der Lotse in das Boot steigen will?
– Was kannst du daraufhin beobachten?
– Woraus kannst du schließen, dass der Lotse verunglückt ist?
– Was denkst du über die Tat des Lotsen?

c) Verfasse einen Brief an deine Schwester. Du kannst den folgenden Anfang übernehmen. Namen kannst du dir selbst ausdenken.

Liebe ...,
ich habe dir lange nicht mehr geschrieben. Doch heute habe ich etwas erlebt, wovon ich dir unbedingt erzählen muss.
Du kennst doch den alten Lotsen, meinen Freund. Mit dem stand ich an der Hafenmauer, es war sehr stürmisch ...

2 Überarbeite deinen Text. Überprüfe,
– ob dein Text alle wichtigen Ereignisse der Ballade richtig wiedergibt,
– ob du das Geschehen aus der Sicht der Person in der Ichform beschreibst,
– ob die Gedanken und Gefühle dieser Person deutlich werden,
– ob du auch die Reden des Lotsen wiedergegeben hast, du kannst dazu eigene Worte oder die wörtliche Rede verwenden:
  Da sagte der alte Lotse zu mir: „...",
– ob dein Text fehlerfrei ist.

Von den Mächten der Natur | Aufgabentyp 6b): Einen literarischen Text umgestalten

Beurteilungsbogen

Klartext 7
Seite 130/131

Aus der Perspektive einer Figur schreiben – das konntest du

1 Du hast die Wiedergabe der Ballade in einem Brief **geplant** und dazu		**Punkte**
	Notizen zu den Personen der Ballade und zur Abfolge der Ereignisse gemacht;	
	Überlegungen angestellt und notiert, was die Person, aus deren Sicht du schreiben sollst, empfunden und gedacht hat.	
2 Du hast deinen Brief **geschrieben** und **überarbeitet**. Er erfüllt nun die folgenden Kriterien: Du hast		
	die vorgegebene Textsorte (Brief) berücksichtigt;	
	die wichtigsten Erzählschritte der Ballade wiedergegeben;	
	die Ichform eingehalten;	
	die Gefühle und Gedanken der vorgegebenen Person zum Ausdruck gebracht (wörtliche Rede).	
3 Du hast dich in deinem Brief **sprachlich richtig ausgedrückt**, das heißt,		
	treffende Verben verwendet;	
	anschauliche Adjektive verwendet;	
	abwechslungsreich geschrieben und unnötige Wiederholungen vermieden;	
	Rechtschreibung, Zeichensetzung und Grammatik beachtet.	

Insgesamt hast du _____ von _____ Punkten erreicht.

Das ergibt die Note: _____

Von den Mächten der Natur | Aufgabentyp 6b): Einen literarischen Text umgestalten

Klartext 7
Seite 136–153

Zusatzmaterial

Einen Filmausschnitt untersuchen

Der Film „Krabat" bringt Szenen aus dem Buch auf die Leinwand. Um zu erkennen, welche Mittel er hierbei einsetzt, musst du genau hinsehen. Dazu soll die Filmszene der Ankunft Krabats bei der Mühle im Koselbruch untersucht werden (Filmkapitel 1; 5:22 Min. bis 6:40 Min.).

[Foto: images.de/Kobal Collection]

1 a) Gliedere die Filmszene in kurze Abschnitte. Sieh sie dir dazu mehrmals an und mache dir Notizen.
b) Vergleicht eure Ergebnisse miteinander und einigt euch darauf, wie lang die einzelnen Abschnitte jeweils dauern, z. B.:
1. Abschnitt: Krabat betritt die Mühle und geht bis zur Kammertür.

2 a) Lege ein Beobachtungsprotokoll zu der Filmszene an. Übertrage dazu die folgende Tabelle in dein Heft und ergänze so viele Zeilen, wie ihr Abschnitte festgelegt habt.
b) Fülle die Tabelle aus. Lies dazu auch die INFO im Schülerband, S. 145.

Ab-schnitt	Perso-nen	Ort/Farben/ Stimmung	Kamera-einstellung	Geräusche/ Musik	Handlung – Was passiert?
1	Krabat	Mühle, Eingangstür, dunkel, bedrohlich, roter Lichtschein	...	Türknarren	Krabat betritt die Mühle und geht bis zur Kammer-tür, dabei sieht er sich einmal um.
2	...	...	...	...	...

3 a) Vergleiche dein Protokoll mit dem eines Mitschülers. Notiert Unterschiede.
b) Seht euch den Filmausschnitt ein weiteres Mal an. Achtet besonders auf die Stellen, an denen ihr zu unterschiedlichen Ergebnissen gekommen seid.
c) Korrigiert gegebenenfalls eure Protokolle.

4 Lies nach, wie Otfried Preußler diese Stelle beschrieben hat (Schülerband, S. 139/140, Z. 126–180).
a) Welche Unterschiede und welche Übereinstimmungen fallen dir zwischen der Buchstelle und der Filmszene auf?
b) Welche Möglichkeiten hat der Film gegenüber dem Buch? Welche das Buch gegenüber dem Film?
c) Krabat antwortet dem Müller: „Das andere auch." (S. 140, Z. 178) Wie wird diese Szene im Film umgesetzt? Beschreibe.
d) Welchen Eindruck will die Filmszene erwecken – dass Krabat unter Zwang einschlägt oder dass er freiwillig zustimmt? Mit welchen Mitteln erreicht dies der Regisseur?

Zusatzmaterial

Klartext 7
Seite 136–153

Eine Stellungnahme zu einem Film verfassen

Du sollst eine Stellungnahme zum Film „Krabat" schreiben, aus der andere Jugendliche erfahren können, wie dir der Film gefallen hat.

1 Entwirf ein Cluster, in welchem du deine Eindrücke zum Film sammelst. Übernimm die folgenden Oberbegriffe und ergänze weitere. Notiere dann deine jeweiligen Eindrücke in Stichworten.

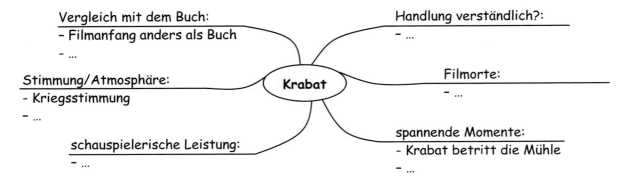

2 Formuliere die Stichworte zu vollständigen Sätzen aus, z. B.:
Filmanfang anders als im Buch → Der Film beginnt mit einem Erzähler, der über die Situation der Menschen im Krieg berichtet. Das ist anders als im Buch, aber …

3 Verfasse eine Stellungnahme zum Film. Du kannst auf deine ausformulierten Sätze und das folgende Wortmaterial zurückgreifen. Lies dazu auch den TIPP.

Besonders spannend wird es, als … – Ganz anders als erwartet ist die Filmszene, als … – Der Film hält, was er verspricht, denn … – Obwohl ganz anders als das Buch ist der Film … – Von dem Besuch des Films „Krabat" ist abzuraten, weil … – Ein toller Film, der gerade auf der Kinoleinwand richtig gut wirkt.

TIPP

So schreibst du eine Stellungnahme zu einem Film:
In deiner Stellungnahme kannst du den Film weiterempfehlen, du kannst dich aber auch kritisch dazu äußern und sogar von einem Besuch abraten.
1. Beachte beim Schreiben, an wen sich deine Stellungnahme richtet (Adressat). Drücke dich dementsprechend sprachlich angemessen aus.
2. Nenne in der **Einleitung** den Titel des Films, wann er in die Kinos gekommen ist und welchen Eindruck der Film insgesamt hinterlässt.
3. Gehe im **Hauptteil** genauer auf den Film ein. Beschreibe drei bis vier Eindrücke und belege sie mit Beispielen aus dem Film (z. B.: *Gut gefallen hat mir die schauspielerische Leistung der Filmfigur „Krabat", denn deren Veränderung vom staunenden Kind zum jungen Erwachsenen, der Verantwortung übernimmt, wird durch den Schauspieler David Kross überzeugend dargestellt.*)
4. Bekräftige im **Schlussteil** noch einmal deine Meinung, spreche eine Empfehlung aus bzw. rate von einem Besuch des Films ab.

Krabat – vom Buch zum Film | 3.3.8 Mittel des filmischen Erzählens kennenlernen

Die Krabat-Sage

Krabat, der gute alte Zaubermeister

Die wohl bekannteste und beliebteste Gestalt im Sagenschatz der Sorben[1] ist Krabat, der gute alte Zaubermeister. Es gibt viele Erzählungen über hilfreichen Taten, die er mittels seiner Zauberkünste vor allem zugunsten der Armen vollbrachte. So nutzte er seine
5 magischen Kräfte, um das Ackerland der Bauern fruchtbar zu machen oder ihnen dringend notwendigen Regen zu bringen. Er legte auch Sümpfe trocken, um die von dort ausgehenden Krankheiten zu verhindern. Außerdem spielte Krabat den reichen Viehhändlern auf dem Markt von Wittichenau Streiche, verwandelte sich gar in einen Ochsen
10 und ritt durch die Lüfte. Sein Zauberhandwerk soll er in der Schwarzen Mühle oder Teufelsmühle in Schwarzkollm – einem jetzigen Ortsteil von Hoyerswerda – beim dortigen Müller erlernt haben.
Geschichtlicher Hintergrund aller Sagen und Legenden um Krabat ist, dass Kurfürst Friedrich August I. (August der Starke) bei seiner
15 Rückkehr von einem Feldzug gegen die Türken im Jahr 1696 einen Reiterobristen namens Johann Schadowitz in seinem Gefolge mitbrachte und diesem wegen seiner Verdienste – er soll August den Starken vor der Gefangennahme durch die Türken bewahrt haben – das Gut Groß Särchen vor den Toren der Stadt Hoyerswerda schenkte. Der aus dem fernen Kroatien stammende Oberst, der hochbetagt am 29. Mai 1704 starb, wurde von den Leuten sicher wegen seiner fremden Herkunft und
20 Sprache, seines Aussehens und seiner Eigenarten als Zauberer angesehen und als „Krabat" bezeichnet.

[Text aus: www.hoyerswerda.de (14.12.2009; Text verändert)]
[Abbildung aus: Mercin Nowak-Neumann: Meister Krabat der gute sorbische Zauberer, Domowina-Verlag, Bautzen, Illustration: Mercin Nowak-Neumann]

1 Die Sorben (auch Wenden) sind ein kleines westslawisches Volk, das in Deutschland als nationale Minderheit anerkannt ist. Die Heimat der Sorben ist die Ober- und Niederlausitz in den deutschen Bundesländern Sachsen und Brandenburg.

1 Welche typischen Merkmale einer Sage weisen die sorbischen Erzählungen über Krabat auf? Mache dir Notizen und besprich deine Ergebnisse mit einem Partner.

2 Nenne Unterschiede und Gemeinsamkeiten zwischen Otfried Preußlers Krabat und dem Krabat in der sorbischen Sage. Übertrage dazu die Tabelle in dein Heft und fülle sie aus.

Merkmale von Sagen
– wahrer Kern
– Erklärung für auffällige Naturerscheinungen, die Entstehung von Bauwerken …
– Konkrete Orte und Zeitpunkte werden genannt.
– Menschen, die wirklich gelebt haben, kommen vor.
– Übernatürliche Wesen kommen vor.

	Krabat in der sorbischen Sage	Krabat von Otfried Preußler
Person		
Eigenschaften		
Wirken		
Orte		
Zeit		

Zusatzmaterial

Klartext 7
Seite 157–162

Wege zum Erfolg – Informationen sichten, auswerten und gliedern

In den folgenden Texten geht es ebenfalls um einen erfolgreichen Leistungsschwimmer, den Schüler Florian Moll. Er startete wie Michael Phelps 2008 in Peking, allerdings nicht bei der Olympiade, sondern bei den Paralympics.

[Foto: TSV Bayer 04]

1 Überfliege die Texte A–D (TIPP im Schülerband, S. 157).

2 Erschließe die Texte folgendermaßen:
   a) Notiere dir Fragen zu Florian Moll, über die dein Referat Auskunft geben soll.
   b) Unterstreiche beim zweiten Lesen wichtige Schlüsselstellen in den Texten. Lass dich dabei von deinen Fragen leiten und notiere passende Oberbegriffe am Rand.
   c) Markiere auch weitere für dein Referat interessante Informationen, an die du vor dem Lesen noch nicht gedacht hast. Ergänze dazu am Rand ebenfalls Oberbegriffe.
   d) Kläre unbekannte Begriffe und schreibe die Erklärungen daneben.

3 Lege mithilfe der Oberbegriffe und unterstrichenen Informationen eine Mindmap an.

4 Erstelle nun zu jedem Ast deiner Mindmap eine Folie (TIPP im Schülerband, S. 163).

A Florian Moll und die Paralympics

Florian Moll, geboren am 8. Oktober 1991, ist Schüler eines Gymnasiums und Leistungsschwimmer beim Dürener TV 1847 und bei Bayer 04 Leverkusen.
Florian, der schon mit fünf Jahren zum Schwimmsport kam, nahm früh an ersten Wettkämpfen teil und gewann. Die bisher größten Erfolge des Jugendlichen sind der siebte Platz 100 m Brust und der
5 achte Platz 400 m Freistil bei den Sommerparalympics in Peking 2008 sowie der Europarekord über 1500 m Freistil mit 18:47,07 Minuten im November 2008.
Dazu kommen Ehrungen wie „Botschafter des Sports 2004/05" und „Sportler des Jahres 2003/04/06/08" seines Heimatkreises Düren, auch „Behindertensportler des Jahres" in Nordrhein-Westfalen war er 2005.
10 Florian kam mit verkürzten Unterschenkeln zur Welt. Orthesen machen es ihm möglich, zu gehen und z. B. auch Fußball zu spielen. Schwimmen darf er damit nicht und er braucht sie auch nicht dazu, sondern nimmt ganz ohne Hilfsmittel erfolgreich an Schwimmwettbewerben und Meisterschaften für Nichtbehinderte und an Behindertenwettkämpfen teil.
Die Paralympischen Spiele sind das größte Sportereignis für Menschen mit körperlicher Behinderung.
15 *Para* (griech.) bedeutet übersetzt *neben*. Der Name Paralympische Spiele – oder kurz Paralympics – zeigt die Nähe zu den Olympischen Spielen. Deshalb finden Paralympics immer kurz nach den Olympischen Spielen und auch immer in derselben Stadt statt.
In Peking nahmen 2008 bei den Sommerparalympics etwa 4000 Sportler aus der ganzen Welt teil. Sie kämpften in 20 verschiedenen Sportarten um Medaillen, z. B. im Sitzvolleyball, Rollstuhlbasketball, in
20 der Leichtathletik, im Gewichtheben und im Schwimmen. Um ihre Leistungen gerecht vergleichen zu können, werden die Athleten in sogenannte Schadensklassen eingeteilt. So starten beispielsweise Schwimmer, die im Rollstuhl sitzen, in einer anderen Klasse als Schwimmer, denen ein Bein oder ein Arm fehlt.
Sein Ziel, in Peking 2008 ins Finale zu kommen, hat Florian sogar zweimal erreicht. Die Paralympics
25 in London 2012 sind nach dem Abitur sein nächstes sportliches Ziel.

Das Geheimnis des Erfolgs | 3.3.2 Informationen entnehmen, ordnen und festhalten

Klartext 7
Seite 157–162

Zusatzmaterial

B „Ohne Sport würde ich mich ungesund fühlen"
Interview von Ingo Latotzki

Reporter:	Immer weniger Grundschulkinder können schwimmen. Haben Sie dafür eine Erklärung?
F. Moll:	Schwimmen ist nicht gerade die populärste Sportart. [...] So einfach lernt man es auch nicht, nicht so einfach wie Fußballspielen. Dazu kommt, dass immer weniger Kinder überhaupt Sport treiben. Und womöglich fehlt den Kindern auch die Unterstützung aus dem Elternhaus.
Reporter:	Sie schwimmen trotz einer Behinderung auf höchstem Niveau. In welchem Alter haben Sie gespürt, dass Sie besser sind als andere?
F. Moll:	Mit acht, neun Jahren. Als ich zum ersten Mal bei Behindertenwettkämpfen mitgemacht habe, wurde ich häufig Erster.
Reporter:	Bei den Paralympics in Peking haben Sie zweimal das Finale erreicht. Was bedeutet Ihnen sportlicher Erfolg?
F. Moll:	Zunächst mal weiß ich, wofür ich trainiert habe. Es ist eine Bestätigung. Wenn das in Peking nicht geklappt hätte, hätte das einen richtigen Knick für mich bedeutet. So habe ich einen regelrechten Motivationsschub.
Reporter:	Wie viel trainieren Sie denn so?
F. Moll:	Ich trainiere jeden Tag zwei Stunden im Wasser, außerdem noch „an Land", Kraft, Beweglichkeit und Ausdauer. Erst lange Schule, dann zum Training, manchmal bin ich abends dann total kaputt.
Reporter:	So viel, wie Sie trainieren müssen, bleibt da überhaupt Zeit genug für die Schule?
F. Moll:	Zum Glück haben meine Lehrer und die Schulleitung echt viel Verständnis, wenn Wettkämpfe anstehen, darf ich sogar länger fehlen. Aber natürlich muss ich allen Stoff nachholen. Ich krieg dann Nachhilfe und büffele, ich will ja 2010 mein Abi schaffen. Bis dahin geht die Schule vor, danach steig ich wieder voll ins Schwimmen ein.
Reporter:	Was treibt Sie an, so hart zu trainieren?
F. Moll:	Ich mach das nicht nur für den Erfolg, sondern auch für mich selber. Ich denke, ich würde schnell fett werden. Es ist ein cooles Gefühl, wenn man nach Hause kommt und weiß: Ich habe gerade das schwerste Training der Woche überstanden. Ohne Sport fühle ich mich ungesund.
Reporter:	Sportlicher Erfolg gibt Selbstvertrauen …
F. Moll:	… das stimmt. Ich bin ein Wettkampftyp, bei Meisterschaften bringe ich auch bessere Leistungen als im Training. Ich will mich messen, um zu sehen, was das Training gebracht hat.
Reporter:	Vermissen Sie etwas durch Ihren Sport?
F. Moll:	Manchmal muss ich mich zum Training überwinden. Ich kann mich seltener mit Freunden treffen. [...] Ich muss mir immer wieder selbst sagen, [...] welche Ziele ich habe. Sonst ist es unmöglich, dieses Pensum zu gehen. Andere können sich voll auf die Schule konzentrieren, wenn sie Arbeiten geschrieben haben, gehen sie auf Partys. Das vermisse ich schon mal. Dafür habe ich schon viele Länder gesehen, grad' erst China, aber auch schon Südafrika, Kanada, England, Dänemark.
Reporter:	Vielen Dank für das Gespräch und für die Zukunft wünsche ich Ihnen viel Erfolg.

[aus: Aachener/Dürener Nachrichten, 1.11.2008]

Das Geheimnis des Erfolgs | 3.3.2 Informationen entnehmen, ordnen und festhalten

C Florian Moll – Steckbrief

Sportart/Disziplin: Schwimmen
Geburtstag: 08.10.1991
Geburtsort: Düren
Größe: 1,80 m
Gewicht: 64 kg
Hobbys: Computer, Lesen, Musikhören
Erfolge: *Danish Open 2006*
    1. Platz 200 m Freistil
    1. Platz 100 m Rücken
    WM Durban 2006
    27. Platz 100 m Freistil 1:05,12 min
    14. Platz 400 m Freistil 4:45,44 min
    Paralympics Peking 2008
    7. Platz 100 m Brust
    8. Platz 400 m Freistil
    Offener BSNW Kurzbahn Cup 2008
    Europarekord über 1500 m Freistil 18:47,07 min
Mannschaft: Behindertensport-Team
Verein: Turn- und Sportverein Bayer 04 Leverkusen e.V.

[Foto: TSV Bayer 04]

D Angemerkt: 2012 nach London – möglichst mit Abi
von Ingo Latotzki

Schule und Spitzensport – passt das zusammen wie Feuer und Eis, wie eine zierliche Balletttänzerin und ein Rugbyfeld?
Diese Frage ist mit einem klaren Jein zu beantworten.
Florian Moll, Leistungsschwimmer aus Merzenich, kann ein Lied davon singen. Um Wettkämpfe, vor allem international, bestreiten zu können, muss der 17-Jährige reisen. Zuletzt war er bekanntlich in
5 Peking bei den Paralympics. Seine Schulbank bleibt während solcher Anlässe leer. Doch das ist es nicht alleine. Einer wie Moll muss trainieren, trainieren, trainieren. Gerade Schwimmer absolvieren ein Pensum, das Ungeübte als mörderisch bezeichnen würden.
Das kostet Zeit und Kraft, seine Tage sind von A bis Z durchorganisiert, sonst ginge gar nichts.
Es liegt auf der Hand, dass kaum einer in Schule und Sport gleichzeitig Spitzenleistungen bringen
10 kann – das Abitur etwa macht niemand im Vorübergehen. Ohne Prioritäten geht es nicht. Dass Florian Moll entschieden hat, nun erst mal kürzerzutreten und nach dem Abi wieder voll durchzustarten, klingt nach vernünftigem Kompromiss. Moll ist jung und ehrgeizig genug, sich auch noch nach der Reifeprüfung 2010 auf sein großes Ziel, die Spiele 2012, vorzubereiten.

[aus: Achener/Dürener Nachrichten, 1.11.2008]

Klartext 7
Seite 164

Zusatzmaterial

Die Präsentation des Referats vorbereiten – Arbeitsplan

Wann? Wo?	Was?	Womit? (Medien u. a.)	Mit wem?
ca. 2 Wochen vorher			
ca. 5 Tage vorher			
3 Tage vorher			
2 Tage vorher			
1 Tag vorher			
am:	Referatstag!		

Das Geheimnis des Erfolgs | 3.1.4 Redebeiträge mediengestützt präsentieren

Zusatzmaterial

Klartext 7
Seite 167

Referat-Bewertungsbogen

Rückmeldung zum Referat von: _____

Kriterien	☺	😐	☹
1. Vortragsweise ansprechend			
Kommentar:			
2. Inhalt gut gegliedert			
3. Inhalt richtig und schlüssig			
Kommentar:			
4. Thema interessant			
Kommentar:			
Offene Fragen:			

Das Geheimnis des Erfolgs | 3.1.5 Gedanken und Forderungen adressatenbezogen äußern

Klartext 7
Seite 168 – 179

Zusatzmaterial

Theodor Fontane: John Maynard

John Maynard!
„Wer ist John Maynard?"

„John Maynard war unser __ __ __ __ __ __ __ __ __ __,
Aus hielt er, bis er das Ufer gewann,
5   Er hat uns gerettet, er trägt die Kron',
Er starb für uns, unsre Liebe sein Lohn.
                    John Maynard."

Die „Schwalbe" fliegt über den __ __ __ __ __ __ __,
Gischt schäumt um den Bug wie Flocken von Schnee,
10   Von Detroit fliegt sie nach Buffalo –
Die Herzen aber sind frei und froh,
Und die Passagiere mit Kindern und Fraun
Im __ __ __ __ __ __ __ __ __ __ schon das Ufer schaun,
Und plaudernd an John Maynard heran
15   Tritt alles: „Wie weit noch, Steuermann?"
Der schaut nach vorn und schaut in die Rund':
„Noch dreißig Minuten … Halbe Stund'."

Alle Herzen sind froh, alle Herzen sind frei –
Da klingt's aus dem __ __ __ __ __ __ __ __ __ __ her wie Schrei,
20   „Feuer!" war es, was da klang,
Ein __ __ __ __ __ aus Kajüt' und Luke drang,
Ein __ __ __ __ __, dann __ __ __ __ __ __ lichterloh,
Und noch zwanzig Minuten bis Buffalo.

Und die Passagiere, buntgemengt,
25   Am Bugspriet stehn sie zusammengedrängt,
Am Bugspriet vorn ist noch Luft und Licht,
Am Steuer aber lagert sich's dicht,
Und ein Jammern wird laut: „Wo sind wir? Wo?"
Und noch fünfzehn Minuten bis __ __ __ __ __ __ __. –

30   Der Zugwind wächst, doch die Qualmwolke steht,
Der __ __ __ __ __ __ __ nach dem Steuer späht,
Er sieht nicht mehr seinen Steuermann,
Aber durchs __ __ __ __ __ __ __ __ __ fragt er an:
„Noch da, John Maynard?"
35   „Ja, Herr. Ich bin."
„Auf den Strand! In die Brandung!"
                         „Ich halte drauf hin."
Und das Schiffsvolk jubelt: „Halt aus! Hallo!"
Und noch zehn Minuten bis Buffalo. –

„Und noch zehn Minuten bis Buffalo" | 3.3.1 Ein allgemeines Textverständnis entwickeln

Zusatzmaterial

Klartext 7
Seite 168–179

40 „Noch da, John Maynard?" Und Antwort schallt's
Mit ersterbender Stimme: „Ja, Herr, ich halt's!"
Und in die Brandung, was Klippe, was Stein,
Jagt er die „Schwalbe" mitten hinein.
Soll Rettung kommen, so kommt sie nur so.
45 Rettung: der Strand von Buffalo!

Das Schiff geborsten. Das Feuer verschwelt.
Gerettet alle. Nur __ __ __ __ __ fehlt!

Alle Glocken gehn; ihre Töne schwell'n
Himmelan aus Kirchen und Kapell'n,
50 Ein Klingen und Läuten, sonst schweigt die Stadt,
Ein Dienst nur, den sie heute hat:
Zehntausend folgen oder mehr,
Und kein __ __ __ im Zuge, das tränenleer.

Sie lassen den Sarg in Blumen hinab,
55 Mit Blumen schließen sie das Grab,
Und mit goldner __ __ __ __ __ __ __ in den Marmorstein
Schreibt die Stadt ihren Dankspruch ein:
„Hier ruht John Maynard! In Qualm und Brand
Hielt er das Steuer fest in der Hand,
60 Er hat uns gerettet, er trägt die Kron',
Er starb für uns, unsre Liebe sein Lohn.
John Maynard."

[aus: Deutsche Balladen, hg. v. Hartmut Laufhütte, Philipp Reclam jun.: Stuttgart 1991, S. 337–339]

1 Lies die Ballade. Setze dabei die fehlenden Begriffe ein:

Dämmerlicht – Schiffsraum – Eriesee – Kapitän – Flammen – Steuermann – Sprachrohr –
einer – Schrift – Buffalo – Qualm (2 x) – Aug'

2 Nur eine Aussage trifft zu. Vervollständige den Satz, indem du die richtige Antwort ankreuzt.

Die Ballade handelt von ...
A ... einem Schiffsunglück, das vielen Menschen das Leben gekostet hat. ☐
B ... einem Schiffsunglück, das durch den mutigen Einsatz eines Menschen für
alle Passagiere gut endete. ☐
C ... John Maynard, der ein mutiger Steuermann war. ☐
D ... einer Schiffsreise über den Eriesee, die ohne nennenswerte Verluste verlief. ☐

3 John Maynard opfert in der Ballade sein Leben, um das Leben vieler anderer Menschen zu
retten. Wie beurteilst du sein Verhalten: *mutig, tapfer, leichtsinnig, heldenhaft, dumm ...?*
Begründe deine Meinung.

„Und noch zehn Minuten bis Buffalo" | 3.3.1 Ein allgemeines Textverständnis entwickeln

Klartext 7
Seite 184

Differenzierungsmaterial A

Pronomen stellen Bezüge her

Kai und Aishe

Kai Aishe   von Kai

Aishe und Nadja saßen zwei Reihen hinter <u>ihm</u>. <u>Sie</u> war noch nicht lange in <u>seiner Klasse</u>, aber <u>er</u>

meinte, <u>sie</u> schon lange zu kennen. Wann immer es möglich war, versuchte <u>er</u>, einen Blick von <u>ihr</u>

zu erhaschen. Aber das war gar nicht so einfach. Denn entweder war <u>sie</u> in <u>ihr</u> Buch vertieft oder

Herr Hein ermahnte <u>ihn</u> zum x-ten Mal, sich auf das Buch zu konzentrieren. Außerdem nervte <u>ihn</u>

<u>sein</u> Nachbar Özmir. Immer zog <u>er</u> <u>seinen</u> Atlas weg, in den <u>sie</u> gemeinsam schauen mussten.

1 Untersuche, auf wen sich die unterstrichenen Pronomen beziehen, und schreibe die Namen darüber. Berücksichtige bei deinen Überlegungen auch die Überschrift.

2 Unterstreiche in der Fortsetzung des Textes Stellen, an denen du die Namen durch Pronomen ersetzen willst. Schreibe die Pronomen über die Nomen.

Während Özmir und Kai aus der Klimakarte herauslesen mussten, wann es in Stockholm am wärmsten

Er   er

ist, machte sich Kai einen Plan. <u>Kai</u> überlegte, dass <u>Kai</u> heute bei der Rückfahrt im Bus sich neben

Ihr Bus

Aishe setzen wollte. <u>Der Bus von Aishe</u> fuhr zwar in eine ganz andere Richtung, aber darüber machte

sich Kai keine Gedanken. Kai hatte sich überlegt, Aishe am Nachmittag zu einem Eis einzuladen.

Dazu reichte das Taschengeld von Kai gerade noch aus. Bestimmt würde Aishe die Einladung von

Kai annehmen. Nach Schulschluss folgte Kai Aishe ganz unauffällig zur Bushaltestelle …

---

i INFO

Pronomen
Durch Pronomen kannst du im Text Wiederholungen vermeiden. Achte aber immer auf die richtige Zuordnung von Nomen und Pronomen.

1. **Personalpronomen:** *ich, du, er, sie, es, wir, ihr, sie*
   Sie können Nomen ersetzen und stellen Bezüge her:
   Kai traf Aishe in der Stadt. Er begrüßte sie.

2. **Possessivpronomen:** *mein – meine/dein – deine/sein – seine/ihr – ihre …*
   Sie drücken Zugehörigkeiten aus:
   Aishe war <u>seine</u> Mitschülerin (nämlich von Kai).
   Aishe war <u>ihre</u> Mitschülerin (nämlich von Nadja).

Sprache betrachten | 3.4.3 Wortarten sicher und funktional verwenden: Pronomen

Differenzierungsmaterial A

Klartext 7
Seite 185
Aufgabe 2

Verben, bei denen sich der Wortstamm ändert

Liebes Tagebuch,

gestern Nacht (1. ~~geschehen~~) *geschah* etwas Schreckliches. Die Ache (2. treten) über die Ufer. Als ich den gewaltigen Lärm hörte, (3. erschrecken) ich und (4. denken) sofort an meine Nachbarn unten am Fluss. Ich (5. aufstehen) und als ich die Tür (6. aufreißen), (7. blasen) mir ein gewaltiger Sturm ins Gesicht. Im Dunkeln (8. sehen) ich die gewaltig rauschende Ache. Der Damm oben war (9. brechen)!

Riesige Wassermassen (10. schießen) den Berg hinunter und (11. tragen) alles mit sich, was sich ihnen in den Weg stellte. Die Ache (12. steigen) und (13. steigen). Das Wasser (14. fließen) schon unten um das neu erbaute Haus und (15. ergießen) sich durch Fenster und Türen in das Haus. Meine Nachbarn (16. schreien) vor Angst und versuchten, sich in Sicherheit zu bringen. Die Mutter mit dem kleinsten Kind auf dem Arm (17. versinken) in den Fluten und (18. ertrinken). Der Vater und das größere Kind (19. fliehen) den Berg hoch und konnten sich retten.

Heute Morgen (20. liegen) alles in Trümmern. Ich (21. gehen) hinunter. Die Katze der Nachbarn (22. sitzen) auf dem Schoß des geretteten Kindes und (23. trinken) Milch. Das Kind selbst und der Vater (24. schweigen), als ich (25. kommen). Auch ich (26. sprechen) kein Wort. Was auch bei diesem Elend?!

2 Setze in dem Tagebucheintrag die Verben ins Präteritum und einmal ins Plusquamperfekt. Wenn du unsicher bist, suche unten die richtige Wortform.

stieg (2 x) – trugen – schrien – ~~geschah~~ – versank – gebrochen – dachte – sprach – lag – trat – stand auf – saß – ertrank – kam – aufriss – erschrak – flohen – blies – trank – floss – schwiegen – ergoss – sah – schossen – ging

Sprache betrachten | 3.4.3 Wortarten sicher gebrauchen: unregelmäßige Verben

Klartext 7
Seite 188
Aufgabe 1/2

Differenzierungsmaterial A

Vorzeitigkeit deutlich machen

A Nachdem „Die sechs XXL" ihre Übung abgeschlossen haben, jonglierst du mit deinem Diabolo vorne am Rand der Bühne.

1 a) Wann erst kann Kai mit seinem Diabolo jonglieren? Unterstreiche den Teil des Satzes, der darüber Auskunft gibt, rot.
b) Umrahme die einleitende Konjunktion.
c) Bestimme die Zeitform des Prädikats in diesem Teil des Satzes: _____
d) Unterstreiche auch im folgenden Satz rot, wann Kai nach vorne gehen darf.

B Du gehst aber erst nach vorne, wenn du von mir ein Zeichen bekommen hast!

e) Ergänze den folgenden Merksatz:

In der Gegenwart verwendest du für ein Ereignis, das zeitlich vorausgeht, das Prädikat im

_____ .

2 a) Kai schreibt in einem Brief an seine Tante über dieses Ereignis und verwendet dafür die Vergangenheit. Unterstreiche in den folgenden Sätzen, was jeweils vorher geschah.

A Ich verhielt mich so, wie es die Lehrerin gesagt hatte.
B Nachdem ich von ihr ein Zeichen bekommen hatte, ging ich nach vorne auf die Bühne.
C Als ich am Bühnenrand angekommen war, brachte ich mein Diabolo mit dem Seil in Fahrt.

b) Ergänze den folgenden Merksatz:

In der Vergangenheit verwendest du für ein Ereignis, das zeitlich vorausgeht, das Prädikat im

_____ .

Diese Zeitform wird mit _sein_____ oder _____ und dem Partizip Perfekt des Verbs

gebildet: *Ich war gekommen, du hattest gelacht.*

Differenzierungsmaterial A

Klartext 7
Seite 190
Aufgabe 3

Aktiv – Passiv (I)

Unsere Bachpatenschaft (Teil I)

1. Unsere NAJU-Gruppe reinigt jedes Jahr den Dorfbach.

   _____

2. Wir ziehen viel Müll aus dem Bach. _____

3. Wir säubern den Bach im Frühling. _____

4. Nico und ich entfernen an bestimmten Stellen Pflanzen und Sträucher.

   _____

5. Diese stauen dort unnötig den Bach. _____

6. Unsere Eltern organisieren zum Abschluss eine Putz-Fete.

   _____

7. Ein Zeitungsredakteur hält diese Aktion in einem Bericht fest.

   _____

3 **a)** Lies zuerst die INFO.
  b) Verwandle dann die Aktivsätze (1.–7.) in Passivsätze. Gehe so vor:
   – Kennzeichne im Aktivsatz das Subjekt und das Akkusativobjekt auf unterschiedliche Weise.
   – Verwandle das Akkusativobjekt in ein Subjekt und beginne damit den Passivsatz. *Der Dorfbach …*
   – Schließe mit der gebeugten Form von *werden* an und ergänze das Objekt mit *von.* *Der Dorfbach wird von unserer NAJU-Gruppe …*
   – Füge dann das noch fehlende Satzglied und am Schluss das Partizip Perfekt hinzu.
  c) Vergleiche die Wirkung der neuen Sätze mit der der alten:
   – Was wird im Aktiv betont und was im Passiv?
   – Welche Ausdrucksmöglichkeit wirkt umständlicher?

ℹ️ INFO

Aktiv – Passiv
Aktiv: *Wir (= Subjekt) säubern den Bach (= Akkusativobjekt).*

Passiv: *Der Bach (= Subjekt) wird von uns (= Objekt mit von) gesäubert.*

1. Im Passivsatz wird das Akkusativobjekt des Aktivsatzes zum Subjekt. Dadurch wird die Person oder die Sache betont, mit der etwas geschieht.
2. Das Subjekt des Aktivsatzes wird im Passivsatz zum Objekt mit *von* (= Täter). Der Täter kann auch fehlen: *Der Bach wird gesäubert.*
3. Im Passiv wird das Prädikat mit *werden* und dem Partizip Perfekt (regelmäßige Verben: *gesäubert, gelacht;* unregelmäßige Verben: *gezogen, gekommen*) gebildet.
4. Beachte die Dativbildung beim Personalpronomen: *von mir, von dir, von ihm, von ihr, von uns, von euch, von ihnen.*

Sprache betrachten | 3.4.4 Verbflexionen und deren funktionalen Wert erkennen

Klartext 7
Seite 190
Aufgabe 4

Differenzierungsmaterial A

Aktiv – Passiv (II)

Unsere Bachpatenschaft (Teil II)

1. <u>Wir</u> beluden letztes Jahr <u>einen ganzen Anhänger</u> mit Müll. (Präteritum _____)

   Ein ganzer Anhänger wurde letztes Jahr von uns mit Müll _____

2. Ich habe ein altes Fahrrad aus dem Schlamm gezogen. (_____)

   Ein altes Fahrrad _____ von mir _____

3. Mein Freund entdeckte einen alten Koffer mit Kleidern. (_____)

   _____

4. Esther und Belinda hatten einen großen Kanister mit Ölresten gefunden. (_____)

   Ein großer Kanister mit Ölresten _____

5. Wir riefen daraufhin die Feuerwehr. (_____)

   _____

6. Die Feuerwehr beseitigte den gefährlichen Müll. (_____)

   _____

7. Der Bürgermeister wird auch dieses Jahr unseren Einsatz loben. (_____)

   _____

8. Er wird uns Eintrittskarten für das Schwimmbad überreichen. (_____)

   Eintrittskarten für das Schwimmbad _____ uns von ihm _____

4 Übertrage die Sätze ins Passiv.
   a) Kennzeichne im Aktivsatz das Subjekt und das Objekt auf unterschiedliche Weise.
   b) Stelle für jeden Satz die verwendete Zeitform fest und schreibe sie in die Klammer.
   c) Lies in der INFO nach, wie diese Zeitform im Passiv gebildet wird.
   d) Schreibe den Satz im Passiv auf. Denke daran, dass das Akkusativobjekt des Aktivsatzes im Passivsatz zum Subjekt wird (siehe INFO im Schülerband, S. 189).

ⅈ INFO

Die Verbformen im Aktiv und Passiv in den verschiedenen Zeitformen

	Aktiv	**Passiv**
Präsens:	ich rufe	ich werde gerufen
Präteritum:	ich rief	ich wurde gerufen
Perfekt:	ich habe gerufen	ich bin gerufen worden
Plusquamperfekt:	ich hatte gerufen	ich war gerufen worden
Futur I:	ich werde rufen	ich werde gerufen werden

Sprache betrachten | 3.4.4 Verbflexionen und deren funktionalen Wert erkennen

89

Differenzierungsmaterial A

Klartext 7
Seite 193
Aufgabe 1c) – e)

Mit Adverbien genauere Angaben machen

Bericht über den Einbruch in der Kunstgalerie Engelmann

Herr Gellner, Hausmeister in der Kunstgalerie Engelmann, betrat um 2 Uhr 35 unsere Polizeistation. Er meldete einen Einbruch in der Kunstgalerie, der <u>nachts</u> erfolgt sein musste. Der Einbrecher hatte die Telefonleitung durchgeschnitten. <u>Deshalb</u> konnte Herr
5 Gellner uns nicht telefonisch benachrichtigen. Ich fuhr <u>schnellstens</u> mit Herrn Gellner zum Tatort.
Herr Gellner erzählte <u>währenddessen</u>, dass er den Einbrecher kurz gesehen hat. Er konnte <u>umständehalber</u> keine Einzelheiten erkennen. Wir erreichten den Tatort um 2 Uhr 43. Herr Engelmann
10 war <u>schon</u> <u>dort</u>. Er überreichte mir <u>sofort</u> einen Zettel mit den vermissten Gegenständen. Es waren 23 z. T. große Gegenstände, die ein einzelner Einbrecher <u>niemals</u> hätte alleine wegschaffen können. Es war <u>ebenfalls</u> überraschend, wie der Besitzer in wenigen Minuten genaue Angaben über die gestohlenen Gegen-
15 stände machen konnte. Ich vermutete <u>daher</u>, dass Herr Engelmann den Diebstahl in die Wege geleitet hatte. Ich nahm <u>sicherheitshalber</u> Herrn Engelmann fest.

1 c) Überlege, wie du die im Text unterstrichenen Adverbien erfragen kannst.
    Trage sie jeweils in die passende Spalte der Tabelle ein.

Wann?	Wo?	Wie?	Warum?

Sprache betrachten | 3.4.3 Wortarten sicher und funktional verwenden: Adverbien

Hauptsätze verknüpfen – Satzreihen bilden

1 a)	Am Bahnhof findest du die Haltestelle für den Bus in Richtung Plettenberg.	1 b)	Du kannst dich dort über die Abfahrtszeiten informieren.
2 a)	Sage dem Busfahrer vorher Bescheid.	2 b)	Die Haltestelle für unser Camp benutzen nur wenige Fahrgäste.
3 a)	Er wird dich dann an einer Kreuzung aussteigen lassen.	3 b)	Das Camp ist jetzt nicht mehr weit.
4 a)	Du kannst den breiten Fahrweg nehmen.	4 b)	Du gehst den schattigen Pfad durch den Wald.
5 a)	Verlaufen kannst du dich nicht.	5 b)	Die Straße und der Pfad sind gut beschildert.
6 a)	Das Campbüro schließt um 18.00 Uhr.	6 b)	Du musst rechtzeitig ankommen.
7 a)	Es scheint nicht immer die Sonne.	7 b)	Du solltest ein Sonnenschutzmittel mitnehmen.
8 a)	Bring gute Laune mit.	8 b)	Lass deinen MP3-Player zu Hause.
9 a)	Du musst das Gepäck alleine tragen.	9 b)	Nimm nicht so viel mit.
10 a)	Nimm nicht so viel Taschengeld mit.	10 b)	Du machst keinen Mitbewohner neidisch.

1 Verbinde die gegenüberliegenden Sätze a) und b) jeweils mit einem Adverb oder einer Konjunktion aus dem Wortmaterial unten. Du kannst mit dem unterstrichenen Satz beginnen. Schreibe die Satzreihen in dein Heft:
Am Bahnhof findest du die Haltestelle für den Bus in Richtung Plettenberg, daher kannst du dich dort über die Abfahrtszeiten informieren.

und – oder – denn – aber – doch – deshalb – trotzdem – darum – dann – daher

Differenzierungsmaterial A

Klartext 7
Seite 201

Haupt- und Nebensätze zu Satzgefügen verknüpfen

Willkommen im Camp!
1. <u>Du bist im Camp angekommen</u>. / Du meldest dich bei der Campleitung. *(sobald)*
2. Sie zeigt dir deinen Zeltplatz. / <u>Viele Plätze sind schon reserviert</u>. *(weil)*
3. <u>Du hast dich ein wenig erfrischt</u>. Du kannst dein Zelt aufbauen. *(nachdem)*
4. Orientiere dich auf dem Übersichtsplan. / <u>Du findest dich schnell im Camp zurecht</u>. *(damit)*
5. Du wirst sehen / <u>auf dem Gelände gibt es mehrere Waschräume und Toiletten</u>. *(dass)*
6. Du siehst das Versorgungsgebäude. / <u>Du kommst an den See</u>. *(wenn)*
7. Wirf die Abfälle in die vorgesehenen Behälter. / <u>Das Camp bleibt sauber</u>. *(damit)*
8. <u>Es ist eigentlich selbstverständlich</u>. / Wir möchten darauf hinweisen, dass der Müll auch bei uns getrennt wird. *(obwohl)*
9. <u>Wir sind hier mitten im Wald</u>. / Das Feuermachen ist verboten. *(da)*
10. Wir hoffen / <u>es gefällt dir bei uns</u>. *(dass)*

Die Campleitung

1 a) Bilde aus den Satzpaaren Satzgefüge und schreibe sie auf. Du kannst den unterstrichenen Satz als Nebensatz verwenden. Beginne den Nebensatz mit der Konjunktion in Klammern und stelle das Verb an den Schluss.
   <u>Sobald</u> du im Camp <u>angekommen bist</u>, meldest <u>du</u> dich bei der Campleitung.
       Nebensatz   Hauptsatz
   Geht der Nebensatz voraus, steht im Hauptsatz das Subjekt hinter dem Prädikat.
   b) Überprüfe, ob du das Komma zwischen Haupt- und Nebensatz gesetzt hast.

Sprache betrachten | 3.4.5 Satzverbindungen bilden | 3.4.13 Zeichensetzung in Satzgefügen beachten

Klartext 7
Seite 202

Differenzierungsmaterial A

Näher erläutern – Relativsätze

Ausflugsangebote

(1) Unser Camp, das in einem wunderschönen Naturschutzgebiet liegt, ermöglicht zahlreiche Unternehmungen.

(2) Nicht weit von hier liegt der Biggesee, welcher im Sommer das Baden im natürlichen Wasser ermöglicht.

(3) Für Wanderer bietet sich die Besteigung der umliegenden Berge an, von denen man einen großartigen Ausblick auf das Sauerland hat.

(4) Urlauber, die gerne im Dunkeln forschen, finden ein großes Angebot von erschlossenen Höhlen.

(5) Aber auch für Radfahrer, die einen Berg nicht scheuen, eröffnen sich viele Möglichkeiten.

1 **a)** Unterstreiche in den Sätzen oben die Relativsätze.
b) Zeige durch einen Pfeil, auf welches Nomen sich der Relativsatz bezieht.
c) Markiere die Kommas, durch die der Relativsatz vom Hauptsatz getrennt wird.

2 Forme in den folgenden Satzpaaren den zweiten Satz zu einem Relativsatz um. Dadurch vermeidest du Wortwiederholungen. Überlege, auf welches Nomen sich der Relativsatz bezieht. Da der Relativsatz ein Nebensatz ist, musst du das Prädikat an den Schluss stellen. Zum Beispiel:
In der Heinrichshöhle wurden Knochen von Tieren gefunden. Die Tiere stammen aus der Eiszeit.
In der Heinrichshöhle wurden Knochen von Tieren gefunden, die aus der Eiszeit stammen.

1. Auch von Bären fand man Knochen. Diese Knochen ergaben ein vollständiges Skelett.
2. In der Höhle gibt es auch Tropfsteingebilde. Diese Tropfsteingebilde sehen fantastisch aus.
3. Man findet auch zahlreiche Versteinerungen. Auf diesen Versteinerungen kann man Pflanzen und Muscheln erkennen.
4. Oberhalb der Heinrichshöhle befindet sich das Felsenmeer. Das Felsenmeer ist rund 700 Meter lang und 200 Meter breit.
5. Das Felsenmeer ist eine einzigartige bizarre Felsenlandschaft. Diese Felsenlandschaft kann man auf eigene Gefahr besichtigen.

_____

_____

_____

_____

_____

_____

_____

_____

Sprache betrachten | 3.4.5 Satzverbindungen bilden | 3.4.13 Zeichensetzung bei Relativsätzen   **93**

Differenzierungsmaterial A

Klartext 7
Seite 207

Objekte: Satzglieder, die vom Prädikat abhängen

Marathon 1896 (Teil II)

Nach 33 Kilometern gaben die drei ausländischen Läufer das Rennen auf. Der Australier Flack erlitt sogar einen Schwächeanfall. Als ein griechischer Oberst den Läufer Spiridon Louis an der Spitze sah, gab er seinem Pferd die Sporen und ritt in das Stadion zur königlichen Loge. Er berichtete dem überglücklichen Kronprinzen Konstantin den zu erwartenden Sieg. Ein Pistolenschuss kündigte das

5   Nahen des Siegers an. Als Spiridon Louis in das Stadion einlief, jubelten die Zuschauer ihrem Landsmann begeistert zu. Kronprinz Konstantin erwies dem Schafhirten eine große Ehre und begleitete ihn auf den letzten hundert Metern bis zum Ziel. Für seinen Sieg bekam Spiridon Louis eine kleine Pension. Sein Dorf schenkte ihm einen Acker.

Dem dritten griechischen Sieger wurde die Medaille aberkannt. Man wies ihm einen Regelverstoß

10 nach: Er hatte sich unterwegs eines Lastwagens bemächtigt und war damit einen Teil der Strecke gefahren.

Spiridon Louis lief 1896 die Strecke von 40 Kilometern in zwei Stunden, 58 Minuten und 50 Sekunden. Der Kenianer Samuel Wanjiru, Sieger des Marathonlaufes bei der Olympiade 2008, schaffte die Strecke von 42 Kilometern in zwei Stunden, sechs Minuten und 32 Sekunden. Er hat allerdings

15 auch unterwegs keinen Wein getrunken.

1 **a)** Im Text oben sind alle Objekte unterstrichen. Finde heraus, um welche Art von Objekten es sich handelt, indem du sie mit dem zugehörigen Verb erfragst:
Wen oder was gaben die Läufer auf? das Rennen = Akkusativobjekt

b) Markiere die Objekte mit unterschiedlichen Farben (Akkusativobjekte z. B. mit Gelb usw.).

c) Verben können unterschiedliche Objekte erfordern. Ordne die Verben aus dem Text unten in die entsprechende Spalte ein.

Verb + Genitivobjekt	Verb + Dativobjekt	Verb + Akkusativobjekt	Verb + Dativobjekt + Akkusativobjekt
		aufgeben	

Sprache betrachten | 3.4.5 Satzglieder unterscheiden und komplexe Satzverbindungen bilden **94**

**Klartext 7
Seite 208
Aufgabe 2**

Differenzierungsmaterial C

Präpositionale Objekte

Marathonlauf 1904

1904 fand die Olympiade in St. Louis in Amerika statt. Auch der Marathonläufer Félix Carbajal aus Kuba hoffte auf einen Sieg. Allerdings interessierte er sich genauso sehr für das Würfelspiel. In New Orleans überredeten ihn Mitreisende zu einem Glücksspiel. Er verlor
5 sein ganzes Geld. Verzweifelt suchte er nach einer Mitfahrgelegenheit. Per Anhalter fuhr er schließlich weiter. Da er auch seine Sportkleidung versetzt hatte, trug er am Start schwere Schuhe, lange Hosen und ein langärmeliges Hemd. Nun zweifelte er an seinem Sieg, denn seine Kleidung war bei 33 Grad Hitze völlig ungeeignet. Da schnitt er
10 kurz entschlossen die Hosenbeine und Hemdsärmel ab. Während des Laufs litt er unter Durst und Hunger. Daher unterbrach er seinen Lauf und aß grüne Äpfel aus einem Garten. Die Zuschauer wunderten sich über ihn, als er plötzlich an Magenkrämpfen litt. Trotzdem wurde Félix Carbajal Vierter.

2 Welche präpositionalen Objekte stehen im Text?
  a) Unterstreiche die präpositionalen Objekte im Text.
  b) Schreibe die präpositionalen Objekte mit dem Prädikat (Verb) heraus:
    hoffte auf einen Sieg, …

  _____

  _____

  _____

  c) Schau dir den ersten Satz genau an und erkläre mithilfe der Fragemethode, um welches Satzglied es sich bei *in St. Louis in Amerika* handelt. Schreibe die Bezeichnung darüber.
  d) Erfrage auch die folgenden Ausdrücke und benenne das Satzglied:

    per Anhalter (Zeile 5) _____

    am Start (Zeile 6/7) _____

ℹ INFO

Präpositionales Objekt
1. Eine Reihe von Verben werden zusammen mit einer Präposition gebraucht:
   lachen über, denken an, sich kümmern um, hoffen auf …
2. Das darauf folgende **präpositionale Objekt** lässt sich nur mit der Präposition erfragen:
   Die Trainer kümmern sich um die Sportler. Um wen kümmern sie sich?
   Manche Sportler verstoßen gegen die Regeln. Gegen wen oder was verstoßen sie?
   Aber: *Viele Sieger weinen aus Freude. Warum weinen viele Sieger?*
   aus Freude = adverbiale Bestimmung des Grundes

Differenzierungsmaterial C

Klartext 7
Seite 209

Adverbiale Bestimmungen – genauere Angaben machen

So baust du ein Notbiwak

<u>Manchmal</u> musst du dir <u>in einem Abenteuercamp</u> <u>aus Ästen oder Zweigen</u> einen Wetterschutz bauen.
Das ist vor allem <u>bei starkem Regen oder Wind</u> notwendig. Dazu suchst du dir <u>im Wald</u> mehrere Äste
mit Astgabeln. Sie eignen sich <u>hervorragend</u> <u>zur gegenseitigen Befestigung der Hölzer</u>.
Zunächst drückst du die zwei stärksten Äste mit aller Kraft senkrecht in die Erde. Auf die beiden
5 Trageäste legst du geschickt einen weiteren Ast und verbindest die Teile vorsichtig. Zur Stabilisierung
deiner Konstruktion musst du die beiden senkrechten Äste abstützen. Dazu suchst du dir zwei weitere
Äste und befestigst sie an der Spitze mit den Trageästen. Du stellst diese Stützäste nach außen, sodass
sie am Boden einen Winkel von ca. 45 Grad bilden. Verbinde jetzt für einen besseren Halt die
Stützäste und die Trageäste mit kleineren Querhölzern.
10 Auf den schräg gestellten Stützästen befestigst du waagrecht weitere Hölzer. Darauf kannst du Tan-
nenzweige legen. Auf diese Weise kannst du dich bei schlechtem Wetter wirksam schützen.

1 Bestimme die unterstrichenen adverbialen Bestimmungen im ersten Absatz und schreibe sie
in die entsprechende Spalte der Tabelle.

Adverbiale Bestimmung ...			
... der Zeit (Wann? Wie lange? Seit wann? Wie oft?)	**... des Ortes** (Wo? Wohin? Woher? Wie weit?)	**... der Art und Weise** (Wie? Woraus? Womit? Wodurch?)	**... des Grundes** (Warum? Wozu?)
manchmal			

2 a) Unterstreiche im weiteren Text alle adverbialen Bestimmungen.
   b) Ordne auch diese in die entsprechende Spalte der Tabelle ein.
      Der ganze Text enthält vier adverbiale Bestimmungen der Zeit, acht adverbiale
      Bestimmungen des Ortes, zehn adverbiale Bestimmungen der Art und Weise und drei
      adverbiale Bestimmungen des Grundes.

Sprache betrachten | 3.4.5 Satzglieder unterscheiden: Adverbiale Bestimmungen

Klartext 7
Seite 180/181

Zusatzmaterial

Gruppenturnier – Kleiner Anfangstest (Fragekärtchen)

1 Führt mit den Kärtchen zum Text „Die olympischen Spiele" ein Gruppenturnier durch (siehe Schülerband, Seite 180), um eure Grammatikkenntnisse zu testen. Klebt dazu die folgende Kopiervorlage auf die Rückseite und schneidet die Kärtchen dann aus.

---

(1) Bestimme das Satzglied:

☐ Subjekt ☐ Akkusativobjekt
☐ Prädikat ☐ adv. Best. der Zeit

(9) Wie heißt die Wortart?

☐ Pronomen ☐ Konjunktion
☐ Präposition ☐ Adverb

---

(2) Bestimme das Satzglied:

☐ Subjekt ☐ Akkusativobjekt
☐ Prädikat ☐ Dativobjekt

(10) Wie heißt die Wortart?

☐ Pronomen ☐ Konjunktion
☐ Präposition ☐ Adverb

---

(3) Bestimme die Zeitform des Verbs:

☐ Präsens ☐ Zukunft
☐ Perfekt ☐ Präteritum

(11) Wie heißt die Wortart?

☐ Nomen ☐ Verb
☐ Adjektiv ☐ Adverb

---

(4) Bestimme das Satzglied:

☐ Dativobjekt ☐ Prädikat
☐ Subjekt ☐ Akkusativobjekt

(12) Bestimme das Satzglied:

☐ Akkusativobjekt ☐ Subjekt
☐ Dativobjekt ☐ Prädikat

---

(5) Bestimme die Wortart:

☐ Personalpronomen ☐ Adjektiv
☐ Demonstrativpronomen ☐ Adverb

(13) Bestimme das Satzglied:

☐ Subjekt ☐ Dativobjekt
☐ Prädikat ☐ adv. Best. des Ortes

---

(6) In welchem Fall steht dieser Ausdruck?

☐ Nominativ ☐ Dativ
☐ Genitiv ☐ Akkusativ

(14) Nenne die Wortart:

☐ Personalpronomen ☐ Präposition
☐ Possessivpronomen ☐ Konjunktion

---

(7) Bestimme das Satzglied:

☐ Dativobjekt ☐ Prädikat
☐ Subjekt ☐ adv. Best. der Zeit

(15) Nenne die Zeitform:

☐ Perfekt ☐ Futur
☐ Präsens ☐ Präteritum

---

(8) Bestimme die Wortart:

☐ Adjektiv ☐ Verb
☐ Adverb ☐ Nomen

(16) Bestimme das Satzglied:
☐ adv. Best. der Zeit
☐ adv. Best. des Ortes
☐ adv. Best. der Art und Weise
☐ adv. Best. des Grundes

Sprache betrachten | Kleiner Anfangstest

Zusatzmaterial

Klartext 7
Seite 180/181

Gruppenturnier – Kleiner Anfangstest (Antwortkärtchen)

---

(9) Wie heißt die Wortart?

☐ Pronomen ☐ Konjunktion
☒ Präposition ☐ Adverb

(1) Bestimme das Satzglied:

☒ Subjekt ☐ Akkusativobjekt
☐ Prädikat ☐ adv. Best. der Zeit

---

(10) Wie heißt die Wortart?

☐ Pronomen ☒ Konjunktion
☐ Präposition ☐ Adverb

(2) Bestimme das Satzglied:

☐ Subjekt ☐ Akkusativobjekt
☒ Prädikat ☐ Dativobjekt

---

(11) Wie heißt die Wortart?

☐ Nomen ☐ Verb
☐ Adjektiv ☒ Adverb

(3) Bestimme die Zeitform des Verbs:

☐ Präsens ☐ Zukunft
☐ Perfekt ☒ Präteritum

---

(12) Bestimme das Satzglied:

☐ Akkusativobjekt ☒ Subjekt
☐ Dativobjekt ☐ Prädikat

(4) Bestimme das Satzglied:

☐ Dativobjekt ☐ Prädikat
☐ Subjekt ☒ Akkusativobjekt

---

(13) Bestimme das Satzglied:

☐ Subjekt ☐ Dativobjekt
☐ Prädikat ☒ adv. Best. des Ortes

(5) Bestimme die Wortart:

☐ Personalpronomen ☐ Adjektiv
☒ Demonstrativpronomen ☐ Adverb

---

(14) Nenne die Wortart:

☒ Personalpronomen ☐ Präposition
☐ Possessivpronomen ☐ Konjunktion

(6) In welchem Fall steht dieser Ausdruck?

☐ Nominativ ☐ Dativ
☒ Genitiv ☐ Akkusativ

---

(15) Nenne die Zeitform:

☐ Perfekt ☒ Futur
☐ Präsens ☐ Präteritum

(7) Bestimme das Satzglied:

☐ Dativobjekt ☐ Prädikat
☐ Subjekt ☒ adv. Best. der Zeit

---

(16) Bestimme das Satzglied:
☐ adv. Best. der Zeit
☐ adv. Best. des Ortes
☒ adv. Best. der Art und Weise
☐ adv. Best. des Grundes

(8) Bestimme die Wortart:

☒ Adjektiv ☐ Verb
☐ Adverb ☐ Nomen

Sprache betrachten | Kleiner Anfangstest

Klartext 7
Seite 185

Zusatzmaterial

Verben, bei denen sich der Wortstamm ändert

1 Ergänze in der Tabelle die fehlenden Zeitformen. Beachte die vorgegebene Personalform.
Wenn du unsicher bist, schlage im Schülerband auf Seite 284/285 nach.

	Präsens	**Präteritum**	**Perfekt**	**Plusquam-perfekt**	**Futur**
er			hat geschlagen		
wir	schweigen				
es					wird geschehen
du		empfahlst			
ihr			habt geschworen		
sie				hatte geschrien	
er	wirbt				
es			ist misslungen		
wir					werden vergessen
er	genießt				
wir		brieten			
sie		stritt			
ihr				wart gekommen	
ich	leide				

Sprache betrachten | 3.4.3 Wortarten sicher gebrauchen: unregelmäßige Verben

Zusatzmaterial

Vorzeitigkeiten deutlich machen

1. Setze die Prädikate in die richtige Zeitform.
   Gehe so vor:
   – Überlege, welches Ereignis zeitlich vorausgeht, und unterstreiche diesen Teil des Satzes.
   – Setze das Prädikat dieses Teils ins Plusquamperfekt und das Prädikat des anderen Teils ins Präteritum.

[Foto: vario images]

Vorbereitungen für unsere Aufführung

1. Endlich (<del>festlegen</del>) wir den Termin für die Aufführung unserer Bewegungstheater-AG und konnten
   hatten festgelegt
   (<del>können</del>) jetzt die Aula bei der Stadtverwaltung dafür reservieren.

2. Nachdem wir an die Stadtverwaltung einen Brief (schreiben), (erhalten) wir kurze Zeit später leider eine Absage.

3. Wir (müssen) uns einen anderen Termin ausdenken, da unsere Nachbarschule schon vorher

   die Aula für den gleichen Termin (buchen).

4. Wir (vorschlagen) in einem zweiten Brief einen Termin eine Woche später, nachdem wir uns

   zusammen mit unseren Lehrern darüber (beraten).

5. Da unser erster Brief nicht erfolgreich (sein), (warten) wir gespannt auf die zweite Antwort.

6. Nachdem wir endlich diesen Termin (vereinbaren), (können) wir jetzt auch die Presse benachrichtigen.

7. Bevor wir die Zeitung von dieser Veranstaltung schriftlich (informieren), (herausfinden) Alex

   in einem Telefongespräch mit der Zeitung den Namen des Lokalredakteurs.

8. Nachdem Alex telefonisch dem Redakteur die Art der Veranstaltung genauer (beschreiben),

   (versprechen) dieser zu kommen.

9. Da Alex bisher noch nie so ein Telefongespräch (führen), (stöhnen) er nach dem Gespräch ziemlich.

10. Wir (schicken) dann noch zur Sicherheit eine E-Mail, obwohl Alex den Termin eigentlich

    schon (festmachen).

Klartext 7
Seite 190

Zusatzmaterial

Aktiv – Passiv

1 Setze die folgenden Aktivsätze ins Passiv.

Wozu brauchen wir Nistkästen?

1. Der Mensch verändert den Lebensraum der Vögel.

   Der Lebensraum der Vögel _____

2. Menschen vernichten Büsche und Hecken.

   _____

3. Vögel benötigen Buschwerk zum Brüten.

   _____

4. Nistkästen mildern die Brutraumnot der Vögel.

   _____

5. Die Vögel nehmen die Nistkästen gerne an.

   _____

6. Wir reinigen die Nistkästen nach der Brutzeit.

   _____

2 Das Passiv wird mit einer Form von _werden_ und dem Partizip Perfekt des Verbs gebildet:
Du wirst gelobt.
Das Futur wird mit einer Form von _werden_ und dem Infinitiv gebildet: _Du wirst loben._
Entscheide, welche Verbform in den folgenden Sätzen verwendet wird, und kreuze an.

Passiv oder Futur?	Passiv	Futur
1. Nistkästen werden meistens aus Holz gemacht.	☐	☐
2. Im Internet werden verschiedene Bauanleitungen angeboten.	☐	☐
3. Auch ungeübte Bastler werden diese Aufgabe meistern.	☐	☐
4. Es werden nur Säge, Hammer und Raspel benötigt.	☐	☐
5. Das Holz wird zurechtgeschnitten und anschließend zusammengenagelt.	☐	☐
6. Ein mit ungiftigem Holzschutzmittel gestrichener Nistkasten wird mehrere Jahre halten.	☐	☐
7. Die Vögel werden sich über die fertigen Nistkästen freuen.	☐	☐
8. Die Nistkästen werden etwa zwei Meter hoch aufgehängt.	☐	☐
9. Viele Höhlenbrüter werden diese Nistkästen nutzen.	☐	☐
10. So wird ein Beitrag zur Bewahrung der Natur geleistet.	☐	☐

Sprache betrachten | 3.4.4 Verbflexionen und deren funktionalen Wert erkennen

Zusatzmaterial

Klartext 7
Seite 180–219

Übungszirkel: Sprache betrachten

So arbeitest du mit dem Übungszirkel:

1. Mit diesem Übungszirkel kannst du wichtige Inhalte des Kapitels *Sprache betrachten* üben. Die Stationenkarten (am besten foliert) werden in der Klasse ausgelegt oder in einem Ordner aufbewahrt.
2. Auf der Rückseite jeder Stationenkarte findest du die Lösung. Es kann auch sein, dass deine Lehrerin oder dein Lehrer die Lösungskarte in einem gesonderten Ordner aufbewahrt.
3. In welcher Reihenfolge du die Stationen bearbeitest, bleibt dir überlassen. Wenn du eine Station erledigt hast, überprüfst du deine Ergebnisse mit der Lösungskarte.
4. Lege dir einen Stationenlaufzettel wie unten an. Er gibt dir einen Überblick, welche Stationen du an welchem Tag bearbeitet hast, und zeigt dir, ob du schon eine Kontrolle mit den Lösungen vorgenommen hast.
5. In der Kopfzeile jeder Stationenkarte steht, um welchen Inhalt es sich handelt. Die Seitenangabe in Klammern verweist auf eine INFO im Schülerband. Wenn du unsicher bist, schlage dort nach.
6. Die Texte dieses Übungszirkels haben alle mit den Abenteuern in einem Hochseilgarten zu tun. Das Bild oben zeigt, wie solch ein „Garten" zum Klettern und Balancieren aussieht.

[Foto: Rainer Weißflog]

Stationenlaufzettel   **Name:** _____

Station: _____   Datum: _____   Kontrolle: _____

_____
_____
_____
_____
_____

Station: _____   Datum: _____   Kontrolle: _____

_____
_____
_____
_____
_____

Sprache betrachten | 3.4 Sprachliche Formen und Strukturen in ihrer Funktion

Klartext 7
Seite 180–219

Zusatzmaterial

Lösung

Station 1 | Nomen (S. 182)

Ferienpläne (1)

Gestern habe ich meinem Vater in einer Zeitschrift einen Artikel über Hochseilgärten gezeigt. Auf den Bildern sah man junge Leute an Seilen auf Brettern vorsichtig von einem Stamm zum anderen laufen. Sie waren mit Seilen gesichert, die mit Karabinerhaken an einem Sicherheitsgurt befestigt waren. „Können wir das nicht auch mal machen?", fragte ich meinen Vater. Er war von dieser Idee sofort begeistert. Wir lasen den Artikel weiter und erfuhren, dass sich ein Hochseilgarten auch in den Bergen des Sauerlands befindet, nicht weit weg von uns.

Lösung

Station 2 | Nomen (S. 183)

Hochseilgarten im Sauerland

Unser Camp liegt an dem schönen Schlossberg im Sauerland. In diesem gut durchdachten Hochseilgarten sind 16 Baumstämme mit Seilen verbunden. Auf diesem sicheren Parcours lernen Sie, Aufgaben im Team zu lösen und Ängste zu überwinden. Nach kurzem Check werden Sie von unserem erfahrenen Trainer eingewiesen. Sie und Ihre Kinder werden Spaß an diesem einzigartigen Abenteuer haben. Bei schönem Wetter haben Sie von der Plattform aus einen herrlichen Rundblick.

↑ hier falzen

Station 1

1 Schreibe den Text ab und füge die in Klammern gesetzten Nomen mit ihren Begleitern in der gebeugten Form ein:

Gestern habe ich meinem Vater ...

Ferienpläne (1)

Gestern habe ich (mein Vater) in (eine Zeitschrift) (ein Artikel) über (Hochseilgärten) gezeigt. Auf (die Bilder) sah man (junge Leute) an (Seile) auf (Bretter) vorsichtig von (ein Stamm) zum anderen laufen. Sie waren mit (Seile) gesichert, die mit (Karabinerhaken) an (ein Sicherheitsgurt) befestigt waren. „Können wir das nicht auch mal machen?", fragte ich (mein Vater). Er war von (diese Idee) sofort begeistert. Wir lasen (der Artikel) weiter und erfuhren, dass sich (ein Hochseilgarten) auch in (die Berge) (das Sauerland) befindet, nicht weit weg von uns.

Station 2

1 Schreibe den Text ab und ergänze die Nomen und ihre Begleiter (in Klammern) im richtigen Fall. Lies dazu die INFO.

Hochseilgarten im Sauerland

Unser Camp liegt an (der schöne Schlossberg) im Sauerland. In (dieser gut durchdachte Hochseilgarten) sind 16 Baumstämme mit Seilen verbunden. Auf (dieser sichere Parcours) lernen Sie, Aufgaben im Team zu lösen und Ängste zu überwinden. Nach (kurzer Check) werden Sie von (unser erfahrener Trainer) eingewiesen. Sie und Ihre Kinder werden Spaß an (dieses einzigartige Abenteuer) haben. Bei (schönes Wetter) haben Sie von der Plattform aus einen herrlichen Rundblick.

Sprache betrachten | 3.4 Sprachliche Formen und Strukturen in ihrer Funktion

Zusatzmaterial

Klartext 7
Seite 180–219

Station 3

Unregelmäßige Verben (S. 185)

1 Setze die unterstrichenen Verben in das Präteritum:
(1) schlug.

Ferienpläne (2)

Ich (1) schlage meinen Vater vor, sich doch an die angegebene Internetadresse zu wenden. Tatsächlich (2) fährt er gleich seinen Rechner hoch. Auf der Homepage (3) empfangen uns aufregende Bilder vom Hochseilgarten. Wir (4) erfahren, dass in den Sommerferien noch Kurse frei sind. Man (5) empfiehlt uns, sich bald anzumelden. Doch erst (6) beraten wir die Idee mit der ganzen Familie. Meiner Schwester Miriam (7) missfällt der Plan zunächst. Sie (8) zieht Ferien auf dem Bauernhof vor. Meine Mutter (9) wirft ein, dass bestimmt in der Nähe ein Reiterhof ist. Tatsächlich (10) bieten zwei nahegelegene Bauernhöfe Reitkurse an. So ein Glück!

Lösung Station 3

(1) schlug
(2) fuhr
(3) empfing
(4) erfuhren
(5) empfahl
(6) berieten
(7) missfiel
(8) zog … vor
(9) warf ein
(10) boten … an

Station 4

Vorzeitigkeit (S. 188)

1 Ergänze die Verben in den Klammern in den Vergangenheitsformen Präteritum oder Plusquamperfekt. Lies die INFO.

Ferienpläne (3)

Nachdem wir unsere Ferienpläne erfolgreich (abstimmen), (müssen) wir noch einen gemeinsamen Termin finden. Das (fallen) uns nicht schwer, da mein Vater und meine Mutter sich schon auf die ersten 14 Tage zu Beginn der Ferien (einigen). Auch die Übernachtungsfrage (können) wir schnell klären, da uns ein Bauernhof in der unmittelbaren Nähe des Hochseilgartens zwei Zimmer (anbieten). Kaum (verschicken) wir die Anmeldungen, da (treffen) am nächsten Morgen schon die Bestätigungen ein.

Lösung Station 4

Ferienpläne (3)

Nachdem wir unsere Ferienpläne erfolgreich abgestimmt hatten, mussten wir noch einen gemeinsamen Termin finden. Das fiel uns nicht schwer, da mein Vater und meine Mutter sich schon auf die ersten 14 Tage zu Beginn der Ferien geeinigt hatten. Auch die Übernachtungsfrage konnten wir schnell klären, da uns ein Bauernhof in der unmittelbaren Nähe des Hochseilgartens zwei Zimmer angeboten hatte. Kaum hatten wir die Anmeldungen verschickt, da trafen am nächsten Morgen schon die Bestätigungen ein.

↑ hier falzen

Sprache betrachten | 3.4 Sprachliche Formen und Strukturen in ihrer Funktion

Klartext 7
Seite 180–219

Zusatzmaterial

Station 5 — Aktiv – Passiv (S. 189)

1 Gib an, welche Sätze im Aktiv stehen.
Sätze im Aktiv: 1., …

2 Bilde zu diesen Aktivsätzen Passivsätze.

1. Der Trainer begrüßt die Teilnehmer.
2. Anschließend erklärt der Trainer ihnen die Sicherheitsregeln.
3. Danach werden den Teilnehmern die Gurte überreicht.
4. Die Teilnehmer befestigen die Karabinerhaken an dem Sicherheitsgurt.
5. Nachdem der Trainer den richtigen Sitz der Gurte überprüft hat, steigen alle Teilnehmer über eine Kletterwand auf die Plattform.
6. Jeder Teilnehmer wird dabei von einem anderen gesichert.

Lösung Station 5 — Aktiv – Passiv (S. 189)

1 Sätze im Aktiv: 1., 2., 4., 5.

2
1. Die Teilnehmer werden von dem Trainer begrüßt.
2. Anschließend werden ihnen die Sicherheitsregeln von dem Trainer erklärt.
4. Die Karabinerhaken werden von den Teilnehmern an dem Sicherheitsgurt befestigt.
5. Nachdem der richtige Sitz der Gurte von dem Trainer überprüft worden ist, steigen alle Teilnehmer über eine Kletterwand auf die Plattform.

↑ hier falzen

Station 6 — Adverbien (S. 194)

1 Schreibe alle zehn Adverbien heraus.

Lieber Opa,
gestern sind wir hier im Sauerland angekommen. Miriam und ich haben uns sofort das schönste Zimmer gekrallt. Es liegt südwärts und hat außerdem einen Balkon. Ich schlafe im Doppelbett oben und Claudia unten. Das Zimmer von unseren Eltern ist nebenan und hat eine Küche. Unser Zimmer hat jedoch keinen Fernseher. Deshalb schauen wir bei unseren Eltern die nächste Staffel von „DSDS" an. Sie werden dann sehr begeistert sein!
Tschüs
Kevin und Claudia

Lösung Station 6 — Adverbien (S. 194)

gestern
hier
sofort
südwärts
oben
unten
nebenan
jedoch
deshalb
dann

Sprache betrachten | 3.4 Sprachliche Formen und Strukturen in ihrer Funktion

Zusatzmaterial

**Klartext 7
Seite 180–219**

Wie funktioniert ein Hochseilgarten?

Ein Hochseilgarten besteht (1) mehreren großen Holzmasten. (2) diesen Masten sind Stahlseile gespannt, (3) denen Hängebrücken, Schlaufen, Netze und weitere Seile aufgehängt sind. Der Weg (4) der Plattform führt (5) eine Kletterwand. (6) der Plattform starten alle Übungen. Jeder Teilnehmer ist (7) einen Gurt (8) zwei Karabinerhaken und Seilen gesichert. Die Teilnehmer können (9) Seilen balancieren, (10) einem Mast (11) ein Netz springen oder (12) Hängebrücken laufen.

Station 7

1 Setze die passenden Präpositionen ein: (1) aus, …

zwischen – aus – über – an – zu – durch – mit – von – von – auf – in – über

Präpositionen (S. 197)

Lösung Station 7

(1) aus
(2) zwischen
(3) an
(4) zu
(5) über
(6) von
(7) durch
(8) mit
(9) auf
(10) von
(11) in
(12) über

↑ hier falzen

Station 8

1 Dativ oder Akkusativ? Schreibe die Sätze ab und setze den richtigen Fall ein. Lies dazu die INFO.

1. Zwischen (die Masten) sind Seile gespannt.
2. In (der Hochseilgarten) werden verschiedene Übungen angeboten.
3. Es kostet Mut, von einer Stammspitze in (ein Netz) zu springen.
4. Manchmal führt eine Kletterwand auf (die Plattform).
5. Auf (die Plattform) können sich mehrere Personen aufhalten.
6. An (ein langes Stahlseil) kann man wie mit einer Seilbahn zur Erde gleiten.
7. Man kann nur mit der Hilfe anderer an (die Stammspitze) gelangen.
8. Wenn man bei der Hängebrücke zwischen (die Querbalken) tritt, kann man leicht abrutschen.

Präpositionen (S. 198)

Lösung Station 8

1. Zwischen den Masten sind Seile gespannt.
2. In dem Hochseilgarten werden verschiedene Übungen angeboten.
3. Es kostet Mut, von einer Stammspitze in ein Netz zu springen.
4. Manchmal führt eine Kletterwand auf die Plattform.
5. Auf der Plattform können sich mehrere Personen aufhalten.
6. An einem langen Stahlseil kann man wie mit einer Seilbahn zur Erde gleiten.
7. Man kann nur mit der Hilfe anderer an die Stammspitze gelangen.
8. Wenn man bei der Hängebrücke zwischen die Querbalken tritt, kann man leicht abrutschen.

Sprache betrachten | 3.4 Sprachliche Formen und Strukturen in ihrer Funktion

Klartext 7
Seite 180–219

Zusatzmaterial

Station 9

Satzreihen (S. 200)

1 Setze in den Satzreihen die passenden Konjunktionen oder Adverbien ein und schreibe die Sätze auf.

dadurch - daher - trotzdem - aber - denn

1. Die Übungen im Hochseilgarten sind nicht einfach, (?) sie finden in einer Höhe von 10 bis 12 Metern statt.
2. Jeder Teilnehmer wird von den anderen gesichert, (?) muss man eigentlich keine Angst haben.
3. Bei jeder Gruppe ist ein Trainer, (?) kann man stets Hilfe anfordern.
4. Für die Sicherheit wird viel getan, (?) erfordern die Übungen Mut.
5. Die Übungen sind eine persönliche Herausforderung, (?) man kann auch jederzeit eine Übung abbrechen.

Lösung Station 9

1. Die Übungen im Hochseilgarten sind nicht einfach, <u>denn</u> sie finden in einer Höhe von 10 bis 12 Metern statt.
2. Jeder Teilnehmer wird von den anderen gesichert, <u>daher</u> muss man eigentlich keine Angst haben.
3. Bei jeder Gruppe ist ein Trainer, <u>dadurch</u> kann man stets Hilfe anfordern.
4. Für die Sicherheit wird viel getan, <u>trotzdem</u> erfordern die Übungen Mut.
5. Die Übungen sind eine persönliche Herausforderung, <u>aber</u> man kann auch jederzeit eine Übung abbrechen.

↑ hier falzen

Station 10

Satzgefüge (S. 201)

1 In drei Nebensätzen steht das Prädikat falsch. Lies die INFO. Schreibe diese Satzgefüge richtig auf.

1. Alle Teilnehmer entscheiden selbst, ob sie bei einer Übung mitmachen wollen.
2. Diese Regel ist wichtig, weil sie den Teilnehmern Sicherheit.
3. Die Trainer befinden sich immer auf gleicher Höhe mit den Teilnehmern, um ihnen schnell helfen zu können.
4. Mit einem Rettungssack können die Trainer eine Person schnell auf den Boden bringen, wenn diese kann nicht mehr.
5. Obwohl alles wird für die Sicherheit getan, ist jeder Besuch im Hochseilgarten ein Abenteuer.

Lösung Station 10

2. Diese Regel ist wichtig, weil sie den Teilnehmern Sicherheit <u>gibt</u>.
4. Mit einem Rettungssack können die Trainer eine Person schnell auf den Boden bringen, wenn diese nicht mehr <u>kann</u>.
5. Obwohl alles für die Sicherheit getan <u>wird</u>, ist jeder Besuch im Hochseilgarten ein Abenteuer.

© 2010 Westermann, Braunschweig • ISBN 978-3-14-290177-0

Sprache betrachten | 3.4 Sprachliche Formen und Strukturen in ihrer Funktion

Zusatzmaterial

Klartext 7
Seite 180–219

Station 11

Relativsätze (S. 202)

1 Bilde aus den folgenden Satzpaaren ein Satzgefüge mit einem Relativsatz: „Burma Bridge" nennt man eine Station, die man ...

Lies die INFO.

1. „Burma Bridge" nennt man eine Station. Diese Station findet man in jedem Hochseilgarten.
2. Man geht auf einem Drahtseil. Das Seil ist in großer Höhe zwischen zwei Stämmen gespannt.
3. Zusätzlich gibt es rechts und links Taue. Diese kann man als Handlauf benutzen.
4. Diese Brücke ist bei den Besuchern sehr beliebt. Sie stellt große Herausforderungen an den Gleichgewichtssinn.
5. Hier sind Freunde wichtig. Sie sprechen dem Teilnehmer Mut zu.

Lösung

Station 11

1. „Burma Bridge" nennt man eine Station, die man in jedem Hochseilgarten findet.
2. Man geht auf einem Drahtseil, das in großer Höhe zwischen zwei Stämmen gespannt ist.
3. Zusätzlich gibt es rechts und links Taue, die man als Handlauf benutzen kann.
4. Diese Brücke, die große Herausforderungen an den Gleichgewichtssinn stellt, ist bei den Besuchern sehr beliebt.
5. Hier sind Freunde wichtig, die dem Teilnehmer Mut zusprechen.

↑ hier falzen

Station 12

Satzglieder (S. 204)

1 Stelle durch die Umstellprobe die Anzahl der Satzglieder in den Sätzen fest.

1. Ohne einen Handlauf erfordert die frei schwingende Hängebrücke „Tremor Bridge" von den Teilnehmern eine besondere Trittsicherheit.
2. Über teilweise fehlende Bretter erreicht man nur mit Mühe am Ende der Brücke das Ziel.
3. Diese Hängebrücke bleibt den Teilnehmern durch die besonderen Erfahrungen immer in Erinnerung.

Lösung

Station 12

1. Ohne einen Handlauf / erfordert / die frei schwingende Hängebrücke „Tremor Bridge" / von den Teilnehmern / eine besondere Trittsicherheit.
= 5 Satzglieder
2. Über teilweise fehlende Bretter / erreicht / man / nur mit Mühe /am Ende der Brücke / das Ziel.
= 6 Satzglieder
3. Diese Hängebrücke / bleibt / den Teilnehmern / durch die besonderen Erfahrungen / immer / in Erinnerung.
= 6 Satzglieder

Sprache betrachten | 3.4 Sprachliche Formen und Strukturen in ihrer Funktion

108

Klartext 7
Seite 180–219

Zusatzmaterial

Station 13

1 Bestimme die Objekte und schreibe sie in einer Tabelle auf.

Sicherheitsregeln für den Hochseilgarten:

1. Tragen Sie immer den Helm und den Sicherheitsgurt.
2. Bevor Sie eine Übung machen, klinken Sie die Karabinerhaken in die Sicherheitsleine ein.
3. Machen Sie Ihrem Partner bei schwierigen Aufgaben Mut, denn Sie gehören einem Team an.
4. Geben Sie ihm Sicherheit, indem Sie das 4-Augen-Prinzip beachten.
5. Bedrängen Sie Ihren Partner nicht.
6. Beachten Sie eine Regel nicht, gibt der Trainer das Stopp-Zeichen.
7. Alle Teilnehmer müssen dann eine sichere Position einnehmen.
8. Überlassen Sie Ihre Sicherheit nicht dem Zufall.

Station 14

1 Suche die adverbialen Bestimmungen heraus und schreibe sie geordnet auf (Ort, Zeit, Art und Weise, Grund).

Hi Mike,
diese Mail schreibe ich auf dem Laptop meines Vaters. Er nimmt ihn immer in den Ferien mit. Gestern waren wir im Hochseilgarten. Zuerst hat man uns zur Sicherheit einen Helm und einen Klettergurt gegeben. Dann sind wir vor Anstrengung keuchend auf eine hohe Plattform gestiegen. Von dort sind wir vorsichtig auf aufgehängten Brettern zum nächsten Stamm gelaufen. Vor lauter Aufregung und Anstrengung habe ich unheimlich geschwitzt. Am Schluss sind wir mit einer Art Seilbahn auf den Boden zurückgekommen. Klasse!
Tschüs Kevin

Lösung

Station 13

Objekte (S. 206)

Akkusativobjekte	Dativobjekte
1. den Helm, den Sicherheitsgurt	
2. eine Übung, die Karabinerhaken	
3. Mut	3. Ihrem Partner, einem Team
4. Sicherheit, das 4-Augen-Prinzip	4. ihm
5. Ihren Partner	
6. eine Regel, das Stopp-Zeichen	
7. eine sichere Position	
8. Ihre Sicherheit	8. dem Zufall

Station 14

Satzglieder (S. 210)

Adverbiale Bestimmungen des Ortes:
auf dem Laptop meines Vaters – im Hochseilgarten – auf eine hohe Plattform – von dort – auf aufgehängten Brettern – zum nächsten Stamm – auf den Boden

Adverbiale Bestimmungen der Zeit:
immer – in den Ferien – gestern – zuerst – am Schluss

Adverbiale Bestimmungen der Art und Weise:
vor Anstrengung keuchend – vorsichtig – unheimlich – mit einer Art Seilbahn

Adverbiale Bestimmungen des Grundes:
zur Sicherheit – vor lauter Aufregung und Anstrengung

↑ hier falzen

Sprache betrachten | 3.4 Sprachliche Formen und Strukturen in ihrer Funktion

Zusatzmaterial

**Klartext 7
Seite 220**

Fehlerschwerpunkte ermitteln und korrigieren (I)

[Foto: Jennie Hart/alamy]

Was macht wirkliche Freundschaft aus?

Freunde sind die Menschen mit denen wir gerne zusammen sind und mit	Z1
denen wir viel unternemen, zum Beispiel auf eine Party oder ins Kino gehen.	R2
Auch ein gemeinsamer Ausflug oder ein Urlaup im Freundeskreis macht	R3
Spaß. Mit guten Freunden komt nie Langeweile auf. Darum verbringen wir	R4
5 möglichst vil zeit mit unseren Freunden.	R5, R6
Aber Freundschaft ist noch mer. Denn Feiern und Spass haben kann man	R7, R8
mit vielen Leuten. Aber nicht an alle kann man sich wänden und nicht alle	R9
hören zu, wenn man ein Problem hat. Viele Menschen sind ganz auf sich	
konzentriert und es ist inen zu viel, sich um die angelegenheiten anderer zu	R10, R11
10 kümmern. Von ihnen sieht und hört man nichts mehr wenn es einem einmal	Z12
nicht besonders gut geht. Ein wahrer Freunt jedoch ist dann zur Stelle,	R13
hört zu, versucht zu trösten und lesst einen nicht allein.	R14
Nicht selten wird eine Freundschaft auch auf die Probe gestellt. Denn als	R15
Freund muss man auch einmal dinge sagen, die unbequäm sind, und etwas	R16, R17
15 ansprechen, das nicht so gut leuft. Unangenehme Wahrheiten zu hören,	R18
kann sehr schmerzlich sein. Aber eine echte Freundschaft wirt auch solche	R19
Fasen aushalten. Schliesslich muss man sich doch fragen was eine	R20, R21, Z22
Freundschaft wert ist, wenn man einander nicht einmal seine erliche	R23
Meinung sagen kann. Als echte Freunde hilft man sich stets weiter. Und das	
20 leben ist viel schöner, wenn es Menschen gibt, mit denen man Spaß haben	R24
und auf die man sich gleichzeitig in jeder Lage verlasen kann.	R25

1 Markiere im Text die Rechtschreibfehler (R) und Zeichensetzungsfehler (Z) farbig.

2 Ermittle mithilfe des Fehleranalysebogens (Kopiervorlage, S. 112) die Fehlerschwerpunkte. Zähle die Fehler und finde heraus, welche Fehlerquelle am häufigsten vertreten ist.

3 Berichtige die markierten Fehler und schreibe den Text richtig in dein Heft. Wende dazu die passende Rechtschreibprobe oder Zeichensetzungsregel an.

Richtig schreiben | 3.4.14 Schreibungen kontrollieren mithilfe der Fehleranalyse

Klartext 7
Seite 220

Zusatzmaterial

Fehlerschwerpunkte ermitteln und korrigieren (II)

Leistungssport oder Freizeitsport?

Sabrina (10):

„Sport ist im Verein am Schönsten", heißt es überall. Aber in unserem Ver-	R1
ein haben wir gerade ein Problem. Nach dem, was wir gehört haben können	Z2
nun nicht mehr Alle bei jeder sportart mitmachen.	R3, R4
5 Die meisten aus unserer Klasse sind im Verein, um sich zu bewegen, einen	R5
ausgleich zur Schule zu finden und auch um mit Freunden Spaß zu haben.	
Viele spielen lieber in einer Mannschaft Fussball als nur auf dem Bolzplatz,	R6
weil sie auch den Wetkampf mögen. Wir sind deshalb ja fast jedes Wochen-	R7
ende auf dem Sportplatz und Feuern unsere Manschaft an.	R8, R9
10 Aber nicht alle spielen Fussball einige spielen in unserem Verein auch Hand-	R10, Z11
ball Badminton oder Volleyball – und das mit Erfolg. Denn es ist allgemein	Z12
bekannt das aus unserem Verein große Sportler hervorgegangen sind.	Z13, R14
Das finden wir ja auch sehr Schön für den Verein. Doch letzte Woche wur-	R15
den unsere Badmintonspieler vor die entscheidung gestellt ob sie entweder	R16, Z17
15 Spitzensport mit mindestens vier mal Träning pro Woche betreiben oder zu	R18, R19
Hause bleiben wollen. Es scheint im Verein keinen normalen Sport mehr für	
uns Jugendliche zu geben.	
Uns wurde gesagt, dass der Verein nicht beides anbieten kann, weil die	
Hallenkapaziteten beschränkt sind und er nicht genügend qualifizierte	R20
20 Träner hat. Es sei für uns Jugendliche im unterschied zu den Erwachsenen	R21, R22
noch nicht möglich, ein Hobbyteam zum lockeren treffen und mitspielen	R23, R24
einzurichten.	
Wie sollen wir auf diesen Entschlus reagieren? Viele von uns spielen begeis-	R25
tert Badminton und gehen auch gerne zu den Punktspielen und Turnieren.	
25 Sicher sind einige auch so gut, das sie Leistungssport machen können. Aber	R26
viele werden die Lust am Badminton spielen verlieren wenn wir nicht mehr	R27, Z28
alle zusammen trainieren können. Habt ihr eine Idee, wie wir erreichen	
können, dass für uns im Verein eine Spassgruppe eingerichtet wird, damit	R29
Spitzen- und Freizeitsport nebeneinander echsistieren können?	R30

1 Markiere im Brief die Rechtschreibfehler (R) und Zeichensetzungsfehler (Z) farbig.

2 Ermittle mithilfe des Fehleranalysebogens (Kopiervorlage, S. 112) die Fehlerschwerpunkte.
Zähle die Fehler und finde heraus, welche Fehlerquelle am häufigsten vertreten ist.

3 Berichtige die markierten Fehler und schreibe den Text richtig in dein Heft. Wende dazu die
passende Rechtschreibprobe oder Zeichensetzungsregel an.

Richtig schreiben | 3.4.14 Schreibungen kontrollieren mithilfe der Fehleranalyse

Zusatzmaterial

Klartext 7
Seite 220

Fehlerschwerpunkte ermitteln

Fehlerwort	b, d, g im Auslaut	Schreibung von ä/äu	Doppelkonsonanten (ll, mm, …, ck, tz)	s-Schreibung (s, ss, ß)	Getrennt- und Zusammenschreibung	Großschreibung	Lernwörter, Fremdwörter	Wörter mit Dehnungszeichen (h, ie)	Zeichensetzung	das Wort dass	weitere Fehler

Richtig schreiben | 3.4.14 Schreibungen kontrollieren mithilfe der Fehleranalyse

Klartext 7 **Zusatzmaterial**
Seite 226

Fremdwörter richtig schreiben

Um die folgenden Aufgaben bearbeiten zu können, brauchst du den Text „Das Gold-Geheimnis des Michael Phelps" im Schülerband auf Seite 158.

1 Suche aus dem Text fünf Fremdwörter heraus und notiere sie.

_____

_____

2 Bilde aus den folgenden Silben vier Fremdwörter und schreibe sie auf. Die Wörter kommen alle im Text vor. Achte auf die richtige Groß- und Kleinschreibung.

AK - FLE - DU - HY - MO - BEL - PER - RAL - RE - TIV - RUNG - ZIE - XI

_____

_____

[Foto: AFP]

3 Erkläre folgende Fremdwörter aus dem Text in ganzen Sätzen. Falls du unsicher bist, schlage nach.

identisch – Ritual – Talent – Aufmerksamkeits-Defizitsyndrom

_____

_____

_____

_____

_____

4 Löse das Rätsel und trage die Fremdwörter in die Kästchen ein. Du findest die Wörter im Text.

1. einen Vorteil haben
2. vollkommen
3. hervorragend
4. Einzelheit
5. Heilmittel

Richtig schreiben | 3.4.12 Wortbezogene Regeln kennen: Fremdwörter

Zusatzmaterial

Klartext 7
Seite 232–237

Übungszirkel: Großschreibung

So arbeitest du mit dem Übungszirkel:

1 Mit diesem Übungszirkel kannst du die Großschreibung üben. Die Stationenkarten (am besten foliert) werden in der Klasse ausgelegt oder in einem Ordner aufbewahrt.

2 Auf der Rückseite jeder Stationenkarte findest du die Lösung. Es kann auch sein, dass dein Lehrer die Lösungskarte in einem gesonderten Ordner aufbewahrt.

3 Die Stationen beziehen sich alle auf den Text „Zauberei in Vollmondnächten? – Das Geheimnis des Werwolfs". Lies deshalb zuerst den Text und bearbeite anschließend die Stationen.

4 In welcher Reihenfolge du die Stationen bearbeitest, bleibt dir überlassen. Wenn du eine Station erledigt hast, überprüfst du deine Ergebnisse mit der Lösungskarte.

5 Lege dir einen Stationenlaufzettel (siehe S. 102) an. Er gibt dir einen Überblick, welche Stationen du an welchem Tag bearbeitet hast, und zeigt dir, ob du schon eine Kontrolle mit den Lösungen vorgenommen hast.

Zauberei in Vollmondnächten? – Das Geheimnis des Werwolfs

Wer hat Angst vorm bösen Werwolf? Falls ihr dazugehört, gibt es jetzt eine gute Nachricht: Werwölfe sind nichts als erfundene Spukgestalten.

Der Tierarzt Joseph Claudius Rougemont beobachtete im Jahre 1798, wie Menschen, die von Tieren gebissen wurden, Symptome einer rätselhaften Krankheit zeigten. Plötzlich hatten sie Angst vor
5 Sonnenlicht und wollten nichts mehr trinken. Ihr Gesicht verzerrte sich zu fürchterlichen Grimassen. Sie spuckten Schaum, schlugen, bissen und traten um sich. Manchmal brachten sie auch unheimliche Laute hervor, die wie das Knurren oder Keuchen eines Wolfes klangen. Rougemont schrieb all diese Beobachtungen auf und gab der Krankheit den Namen „Hundswuth" – heute bekannt als „Tollwut".

Er widersprach den Leuten, die glaubten, die Gebissenen würden sich in Wolfsmenschen verwandeln,
10 sogenannte „Werwölfe". Die Bücher dieses klugen Tierarztes gerieten in Vergessenheit, bis sie vor Kurzem der Geschichtsstudent Utz Anhalt aus Hannover wiederentdeckte. Er wollte herausfinden, ob der Mythos vom Werwolf wirklich aus der Tollwutkrankheit entstanden ist. Es könnte tatsächlich so sein, denn bei genauerem Hinsehen gibt es viele Ähnlichkeiten zwischen echten Tollwutkranken und den Werwölfen aus den Gruselgeschichten.

15 Tollwut bewirkt zum Beispiel, dass man nicht mehr richtig schlucken kann. Trinken können die Infizierten nur unter großen Schmerzen. Das ist auch der Grund, warum die Kranken so verzweifelte Geräusche von sich geben. Früher dachte die abergläubische Bevölkerung, die Patienten würden das Brüllen jenes Tieres nachahmen, das sie gebissen hatte. An den fürchterlichen Grimassen der armen Gequälten ist eine Gesichtslähmung schuld, die die Krankheit mit sich bringt. Mit Fantasie betrachtet
20 sah das aus wie das böse Grinsen eines Wolfes.

Aber was hat das alles mit einem Tierbiss zu tun? Tollwut ist eine Viruskrankheit, so wie die Grippe auch. Viren sind Krankheitserreger im Blut oder Speichel von Menschen oder Tieren. Wenn ein tollwutkrankes Tier einen Menschen beißt, wandern die Viren aus seinem Speichel in das Blut des Opfers, wo sie sich dann ausbreiten. In Mitteleuropa sind besonders Füchse und Wölfe für Tollwut
25 anfällig. Jäger und Tierärzte, die mit kranken Tieren zu tun haben, lassen sich deshalb vorsorglich impfen. Sonst kann eine Bisswunde tödliche Folgen haben. Einem Werwolf ist allerdings noch keiner dieser Tierexperten je begegnet.

[aus: http://www.geo.de/GEOlino/mensch/246.html (10.12.2009)]

Richtig schreiben | 3.4.12 Wortbezogene Regeln kennen: Großschreibung von Nomen

Klartext 7
Seite 232–237

Zusatzmaterial

Station 1 — Nomen mit typischen Wortbausteinen

1 Viele Nomen werden mit den Wortbausteinen (Suffixen) -heit, -keit, -schaft, -ung, -tum, -nis gebildet.
a) Suche aus dem Text alle diese Nomen heraus und schreibe sie in der Einzahl (Singular) mit Artikel auf.
b) Unterstreiche die Suffixe der Nomen.

Lösung Station 1

das Geheimnis
die Krankheit
die Beobachtung
die Vergessenheit
die Tollwutkrankheit
die Ähnlichkeit
die Bevölkerung
die Gesichtslähmung
die Viruskrankheit

Station 2 — Artikel als Erkennungswort

1 Suche aus dem Text alle Nomen heraus, bei denen ein Artikel als Erkennungswort steht. Schreibe die Nomen mit dem Artikel auf.

Lösung Station 2

das Geheimnis – des Werwolfs – eine (...) Nachricht – der Tierarzt – einer (...) Krankheit – das Knurren – eines Wolfes – der Krankheit – den Namen – den Leuten – die Gebissenen – die Bücher – der Geschichtsstudent – der Mythos – der Tollwutkrankheit – den Werwölfen – den Gruselgeschichten – die Infizierten – der Grund – die Kranken – die (...) Bevölkerung – die Patienten – das Brüllen – den (...) Grimassen – der (...) Gequälten – eine Gesichtslähmung – die Krankheit – das (...) Grinsen – eines Wolfes – einem Tierbiss – eine Viruskrankheit – die Grippe – ein (...) Tier – einen Menschen – die Viren – das Blut – des Opfers – eine Bisswunde – einem Werwolf

↑ hier falzen

Richtig schreiben | 3.4.12 Wortbezogene Regeln kennen: Großschreibung von Nomen

Zusatzmaterial

Klartext 7
Seite 232–237

Station 3 — **Pronomen als Erkennungswort**

1 Suche aus dem Text alle Nomen heraus, vor denen ein Possessivpronomen oder ein Demonstrativpronomen als Erkennungswort steht. Schreibe die Nomen mit ihren Erkennungswörtern auf.

Lösung — **Station 3**

ihr Gesicht
diese Beobachtungen
dieses (...) Tierarztes
jenes Tieres
seinem Speichel
dieser Tierexperten

Station 4 — **Adjektiv als Erkennungswort**

1 Suche aus dem Text alle Nomen heraus, vor denen ein Adjektiv als Erkennungswort steht. Schreibe die Nomen mit ihren Erkennungswörtern auf.

Lösung — **Station 4**

vorm bösen Werwolf – eine gute Nachricht – erfundene Spukgestalten – einer rätselhaften Krankheit – zu fürchterlichen Grimassen – unheimliche Laute – dieses klugen Tierarztes – bei genauerem Hinsehen – echten Tollwut-kranken – unter großen Schmerzen – verzweifelte Grimassen – die abergläubische Bevölkerung – an den fürchterlichen Grimassen – der armen Gequälten – das böse Grinsen – ein tollwutkrankes Tier – mit kranken Tieren – tödliche Folgen

↑ hier falzen

Richtig schreiben | 3.4.12 Wortbezogene Regeln kennen: Großschreibung von Nomen

Klartext 7
Seite 232 – 237

Zusatzmaterial

Station 5

Präposition als Erkennungswort

1 Suche aus dem Text alle Nomen heraus, vor denen eine Präposition als Erkennungswort steht. Schreibe die Nomen mit ihren Erkennungswörtern auf.

Lösung Station 5

in Vollmondnächten – vorm (...) Werwolf – im Jahre – von Tieren – vor Sonnenlicht – zu (...) Grimassen – in Wolfsmenschen – in Vergessenheit – vor Kurzem – aus Hannover – vom Werwolf – aus der Tollwutkrankheit – bei (...) Hinsehen – zwischen (...) Tollwutkranken – aus (...) Gruselgeschichten – zum Beispiel – unter (...) Schmerzen – an den (...) Grimassen – mit Fantasie – mit einem Tierbiss – im Blut – von Menschen – aus seinem Speichel – in das Blut – in Mitteleuropa – für Tollwut – mit (...) Tieren

Station 6

Artikelprobe

1 Einige Nomen im Text sind nicht durch ein Erkennungswort gekennzeichnet. Beweise mithilfe der Artikelprobe, dass es sich jeweils um ein Nomen handelt. Schreibe die Nomen heraus und ergänze den Artikel.

Lösung Station 6

die Zauberei – die Vollmondnächte – die Angst – die Werwölfe – die Menschen – die Symptome – die Angst – der Schaum – das Keuchen – die Tollwut – die Werwölfe – die Ähnlichkeiten – die Tollwut (2 x) – die Viren – die Krankheitserreger – der Speichel – die Tiere – die Füchse – die Wölfe – die Jäger – die Tierärzte

↑ hier falzen

Richtig schreiben | 3.4.12 Wortbezogene Regeln kennen: Großschreibung von Nomen

Zusatzmaterial

Klartext 7
Seite 232–237

Station 7 — Nominalisierte Verben

1 Wenn Verben im Infinitiv als Nomen verwendet werden, werden sie großgeschrieben. Suche aus dem Text alle nominalisierten Verben heraus und schreibe sie mit ihren Erkennungswörtern auf. Wenn das Erkennungswort fehlt, ergänze einen Artikel.

Lösung Station 7 — Nominalisierte Verben

das Knurren
(das) Keuchen
bei genauerem Hinsehen
das Brüllen
das böse Grinsen

Station 8 — Nominalisierte Verben

1 Notiere in der Tabelle zu den Verben aus dem Text jeweils ein verwandtes Nomen sowie eine nominalisierte Form.

Verb (Infinitiv)	Nomen	Nominalisierung
beobachten	die Beobachtung	das Beobachten
verwandeln		
wiederentdecken		
entstehen		
nachahmen		
beißen		
wandern		
ausbreiten		
impfen		

Lösung Station 8 — Nominalisierte Verben

Verb (Infinitiv)	Nomen	Nominalisierung
beobachten	die Beobachtung	das Beobachten
verwandeln	die Verwandlung	das Verwandeln
wiederentdecken	die Wiederentdeckung	das Wiederentdecken
entstehen	die Entstehung	das Entstehen
nachahmen	die Nachahmung	das Nachahmen
beißen	der Biss	das Beißen
wandern	die Wanderung	das Wandern
ausbreiten	die Ausbreitung	das Ausbreiten
impfen	die Impfung	das Impfen

↑ hier falzen

Richtig schreiben | 3.4.12 Wortbezogene Regeln kennen: Großschreibung von Nomen

Klartext 7 | **Zusatzmaterial**
Seite 236

Groß- und Kleinschreibung von Zeitangaben

1. IM LAUFE DER WOCHE
2. NACHMITTAGS
3. AM MONTAGMORGEN
4. EINES NACHTS
5. GESTERN
6. GEGEN NACHMITTAG
7. MONTAGS
8. UM HALB DREI
9. AM SPÄTEN ABEND
10. MORGENS

1 a) Lies die INFO im Schülerband auf Seite 236.
b) Ordne die Zeitangaben in die Tabelle ein.
c) Wenn du die Reihenfolge beachtet und richtig sortiert hast, ergeben die unterstrichenen Buchstaben von oben nach unten gelesen ein Lösungswort. Trage es unten ein

Nomen, die eine Zeit angeben	Adverbien und Zahlen, die eine Zeit angeben
im Laufe der Woche	

Lösungswort: ☐ ☐ ☐ ☐ ☐ ☐ ☐ ☐ ☐

2 Schreibe fünf Sätze auf, in denen Zeitangaben vorkommen.

Richtig schreiben | 3.4.13 Satzbezogene Regeln kennen: Zeitangaben

Zusatzmaterial

Klartext 7
Seite 238 – 243

Übungszirkel: Zeichensetzung

So arbeitest du mit dem Übungszirkel:

1. Mit diesem Übungszirkel kannst du die Zeichensetzung üben. Die Stationenkarten (am besten foliert) werden in der Klasse ausgelegt oder in einem Ordner aufbewahrt.
2. Auf der Rückseite jeder Stationenkarte findest du die Lösung. Es kann auch sein, dass deine Lehrerin oder dein Lehrer die Lösungskarte in einem gesonderten Ordner aufbewahrt.
3. In welcher Reihenfolge du die Stationen bearbeitest, bleibt dir überlassen. Wenn du eine Station erledigt hast, überprüfst du deine Ergebnisse mit der Lösungskarte.
4. Lege dir einen Stationenlaufzettel an (siehe unten). Er gibt dir einen Überblick, welche Stationen du an welchem Tag bearbeitet hast, und zeigt dir, ob du schon eine Kontrolle mit den Lösungen vorgenommen hast.

Stationenlaufzettel   **Name:** _____

Station: _____   Datum: _____   Kontrolle: _____

_____

_____

_____

_____

Station: _____   Datum: _____   Kontrolle: _____

_____

_____

_____

_____

Station: _____   Datum: _____   Kontrolle: _____

_____

_____

_____

_____

Richtig schreiben | 3.4.13 Satzbezogene Regeln kennen: Zeichensetzung

Klartext 7
Seite 238–243

Zusatzmaterial

Station 1 — Komma und Punkt zwischen Hauptsätzen

1 Schreibe den folgenden Text in dein Heft, unterstreiche alle Prädikate und klammere die zum Prädikat gehörenden Wörter ein.

2 Setze die fehlenden Satzzeichen.

An unserer Schule waren alle Schulsanitäter schon einmal im Einsatz die 12 bis 16 Jahre alten Schüler leisten Erste Hilfe versorgen kleine Wunden und beruhigen jüngere Schüler bei leichten Unfällen bei schweren Unfällen oder Kreislaufproblemen verständigen sie die Lehrer und den Rettungsdienst die Schulsanitäter sind in den großen Pausen sowie bei Schulfesten und Sportveranstaltungen unterwegs zum Glück hat es noch keine schlimmen Verletzungen gegeben aber unsere Schulsanitäter haben schon in vielen Fällen wertvolle Hilfe geleistet

Lösung — Station 1

[An unserer Schule waren alle Schulsanitäter schon einmal im Einsatz]. [Die 12 bis 16 Jahre alten Schüler leisten Erste Hilfe], [versorgen kleine Wunden] und [beruhigen jüngere Schüler bei leichten Unfällen]. [Bei schweren Unfällen oder Kreislaufproblemen verständigen sie die Lehrer und den Rettungsdienst]. [Die Schulsanitäter sind in den großen Pausen sowie bei Schulfesten und Sportveranstaltungen unterwegs]. [Zum Glück hat es noch keine schlimmen Verletzungen gegeben], [aber unsere Schulsanitäter haben schon in vielen Fällen wertvolle Hilfe geleistet].

↑ hier falzen

Station 2 — Das Komma bei Aufzählungen

1 Schreibe den Text in dein Heft und setze bei den Aufzählungen die fehlenden Kommas ein.

Auf dem Weg zum Zeltplatz gehen wir am Fußballplatz entlang am Feuerwehrwachturm vorbei über den Bach und an der Pinie rechts. Dann steuern wir geradeaus auf das Hünengrab sowie die Felsen in der Ferne zu. Wichtig ist, dass wir dabei die drei Pappeln die Feuerstelle die große Eiche die Unterstellhütte und die Futterkrippe links liegen lassen.

Lösung — Station 2

Auf dem Weg zum Zeltplatz gehen wir am Fußballplatz entlang, am Feuerwehrwachturm vorbei, über den Bach und an der Pinie rechts. Dann steuern wir geradeaus auf das Hünengrab sowie die Felsen in der Ferne zu. Wichtig ist, dass wir dabei die drei Pappeln, die Feuerstelle, die große Eiche, die Unterstellhütte und die Futterkrippe links liegen lassen.

Richtig schreiben | 3.4.13 Satzbezogene Regeln kennen: Zeichensetzung

Zusatzmaterial

Klartext 7
Seite 238–243

Station 3 — Das Komma zwischen Haupt- und Nebensätzen

1 Unterstreiche in den Sätzen alle Konjunktionen und Prädikate und klammere die zum Prädikat gehörenden Wörter ein.

2 Setze die fehlenden Satzzeichen.

3 Bestimme die Haupt- und Nebensätze, indem du sie mit HS und NS benennst.

1. Wenn du ein Zelt aufbauen willst musst du die nötigen Werkzeuge dabeihaben.
2. Nachdem du alles ausgepackt hast kannst du mit dem Aufbau beginnen.
3. Lass dir helfen damit dein Zelt auch stehen bleibt.
4. Kontrolliere die Stabilität deines Zeltes sobald du die Heringe in den Boden eingeschlagen hast.

Lösung Station 3

1. [Wenn du ein Zelt aufbauen willst], [musst du die nötigen Werkzeuge dabeihaben].
   NS   HS
2. [Nachdem du alles ausgepackt hast], [kannst du mit dem Aufbau beginnen].
   NS   HS
3. [Lass dir helfen], [damit dein Zelt auch stehen bleibt].
   HS   NS
4. [Kontrolliere die Stabilität deines Zeltes], [sobald du die Heringe in den Boden eingeschlagen hast].
   HS   NS

↑ hier falzen

Station 4 — Das Komma zwischen Haupt- und Nebensätzen

1 Verbinde die Sätze mit passenden Konjunktionen so, dass ein Satzgefüge entsteht.

2 Kennzeichne die Haupt- und Nebensätze und unterstreiche die Verben und Konjunktionen.

1. Wir haben hoffentlich alles perfekt vorbereitet. Am 12.11. findet unser Konzert statt.
2. Einige Proben verliefen bisher nicht so gut. Wir hatten viel geübt.
3. Wir werden nun noch mehr üben. Das Konzert soll gelingen.
4. Der Eintritt ist umsonst. Viele Leute kommen.

Lösung Station 4

Vorschlag:

1. [Wir haben hoffentlich alles perfekt vorbereitet], [wenn am 12.11. unser Konzert stattfindet].
   HS   NS
2. [Einige Proben verliefen bisher nicht so gut], [obwohl wir viel geübt hatten].
   HS   NS
3. [Wir werden nun noch mehr üben], [weil das Konzert gelingen soll.]
   HS   NS
4. [Der Eintritt ist umsonst], [damit viele Leute kommen].
   HS   NS

Richtig schreiben | 3.4.13 Satzbezogene Regeln kennen: Zeichensetzung

Klartext 7
Seite 238 – 243

Zusatzmaterial

Station 5

1 Grenze jeweils den Relativsatz durch Kommas vom Hauptsatz ab.

2 Kennzeichne die Haupt- und Relativsätze (HS bzw. RS) und unterstreiche die Verben und Relativpronomen.

1. Meinen besten Freund den ich jeden Tag sehe kenne ich erst seit einem Jahr.
2. Er hat vorher in einer anderen Stadt die sogar in einem anderen Bundesland liegt gewohnt.
3. In der Klasse in der er jetzt ist hat er noch keine Freunde gefunden.
4. Wir treffen uns meistens im Hallenbad das auch im Sommer geöffnet ist.

Lösung Station 5

Das Komma bei Relativsätzen

HS   RS   HS
1. Meinen besten Freund, den ich jeden Tag sehe, kenne ich erst seit einem Jahr.

          RS   HS
2. Er hat vorher in einer anderen Stadt, die sogar in einem anderen
                    HS
Bundesland liegt, gewohnt.

    HS   RS   HS
3. In der Klasse, in der er jetzt ist, hat er noch keine Freunde gefunden.

    HS   RS
4. Wir treffen uns meistens im Hallenbad, das auch im Sommer geöffnet ist.

↑ hier falzen

Station 6

1 Wandle die unterstrichenen Erklärungen in Relativsätze um.

2 Unterstreiche anschließend den Relativsatz.

1. Der von einer Getränkefirma gesponserte Schwimmer trainiert jeden Tag.
2. In dem gut geheizten Schwimmbecken schwimmt er über 20 Kilometer.
3. In dem besonders tiefen Teil des Beckens taucht er gerne und auch lange.
4. Sein Ziel ist die Teilnahme bei den in vier Jahren stattfindenden Olympischen Spielen.

Lösung Station 6

Das Komma bei Relativsätzen

1. Der Schwimmer, der von einer Getränkefirma gesponsert wird, trainiert jeden Tag.
2. In dem Schwimmbecken, das gut geheizt ist, schwimmt er über 20 Kilometer.
3. In dem Teil des Beckens, der besonders tief ist, taucht er gerne und auch lange.
4. Sein Ziel ist die Teilnahme bei den Olympischen Spielen, die in vier Jahren stattfinden.

Richtig schreiben | 3.4.13 Satzbezogene Regeln kennen: Zeichensetzung

Zusatzmaterial

Klartext 7
Seite 238–243

Station 7

Zeichen der wörtlichen Rede

1 Setze in dem folgenden Text die fehlenden Zeichen der wörtlichen Rede und die fehlenden Kommas ein.

Chatten ist doof sagt Anna. Britta sieht sie verwundert an: Echt, warum denn? Ich finde es toll! Als ich das vor ein paar Wochen mal ausprobiert habe erklärt Anna haben mich die Jungen total genervt. Sie hatten keine Ahnung wie man richtig flirtet. Ja und überhaupt fügt sie hinzu woher soll man wissen, ob einer wirklich so süß aussieht wie auf dem Foto das er ins Netz stellt? Na und sagt Britta dafür kann ich mich im Internet auch ein bisschen toller darstellen, als ich bin. Sie lacht: Und so eine volle Mailbox tut schon richtig gut!

Lösung

Station 7

„Chatten ist doof", sagt Anna. Britta sieht sie verwundert an: „Echt, warum denn? Ich finde es toll!" „Als ich das vor ein paar Wochen mal ausprobiert habe", erklärt Anna, „haben mich die Jungen total genervt. Sie hatten keine Ahnung, wie man richtig flirtet. Ja und überhaupt", fügt sie hinzu, „woher soll man wissen, ob einer wirklich so süß aussieht wie auf dem Foto, das er ins Netz stellt?" „Na und", sagt Britta, „dafür kann ich mich im Internet auch ein bisschen toller darstellen, als ich bin." Sie lacht: „Und so eine volle Mailbox tut schon richtig gut!"

↑ hier falzen

Station 8

Das Wort *dass*

1 Formuliere den Begleitsatz und die wörtliche Rede so um, dass ein *dass*-Satz entsteht. Unterstreiche anschließend die Verben und das *dass*.

1. Melina sagt: „Ich möchte nicht ins Feriencamp."
2. „Erkläre mir doch den Grund", bittet Mareike.
3. „Ich will in den Ferien endlich einmal ausschlafen", erklärt Melina.
4. „Man kann im Feriencamp aber neue Freunde kennenlernen", meint Mareike.

Lösung

Station 8

1. Melina sagt, dass sie nicht ins Feriencamp möchte.
2. Mareike bittet, dass sie ihr doch den Grund erklären soll.
3. Melina erklärt, dass sie in den Ferien endlich einmal ausschlafen will.
4. Mareike meint, dass man im Feriencamp aber neue Freunde kennenlernen kann.

Richtig schreiben | 3.4.13 Satzbezogene Regeln kennen: Zeichensetzung

Klartext 7
Seite 238–243

Zusatzmaterial

Station 9

1 Entscheide, ob du in die Lücke jeweils *dass* oder *das* einsetzen musst.

1. Timm prüfte das Seil und stellte fest, _____ das nicht halten konnte.
2. Timm stellte fest, _____ konnte nicht halten.
3. Die Klasse freute sich, _____ sie das Wettklettern gewonnen hatte.
4. Die Klasse freute sich über das Wettklettern, _____ sie gewonnen hatte.
5. Nach dem Wettbewerb grillte Eric ein Steak, _____ er mit großem Genuss aß.
6. Das Steak war so lecker, _____ Eric es mit großem Genuss aß.

Das Wort *dass*

Station 10

1 Schreibe den Text ab und setze die fehlenden Satzschluss-zeichen sowie alle anderen fehlenden Satzzeichen ein. Achte auf die Großschreibung der Satzanfänge.

Buchempfehlung

Ich fand „Krabat" toll Die düstere melancholische und unheimliche Stimmung des Buches hat mich von Anfang an in seinen Bann gezogen die Erzählweise des Autors ist sehr märchenhaft und der Roman weist viele magische Elemente auf der Meister und seine zwölf Raben die Zahl drei die eine wichtige Rolle spielt die Abfolge der Geschehnisse mit den Feiertagen Dreikönig Ostersamstag und Silvester das alles wirkt wie im Märchen die Zeit des Dreißigjährigen Krieges in der die Geschichte spielt bewirkt ebenfalls eine düstere Atmosphäre

---

Lösung

Station 9

1. Timm prüfte das Seil und stellte fest, dass das nicht halten konnte.
2. Timm stellte fest, das konnte nicht halten.
3. Die Klasse freute sich, dass sie das Wettklettern gewonnen hatte.
4. Die Klasse freute sich über das Wettklettern, das sie gewonnen hatte.
5. Nach dem Wettbewerb grillte Eric ein Steak, das er mit großem Genuss aß.
6. Das Steak war so lecker, dass Eric es mit großem Genuss aß.

Lösung

Station 10

Satzschlusszeichen setzen

↑ hier falzen

Buchempfehlung

Ich fand „Krabat" toll! Die düstere, melancholische und unheimliche Stimmung des Buches hat mich von Anfang an in seinen Bann gezogen. Die Erzählweise des Autors ist sehr märchenhaft und der Roman weist viele magische Elemente auf. Der Meister und seine zwölf Raben, die Zahl drei, die eine wichtige Rolle spielt, die Abfolge der Geschehnisse mit den Feiertagen Dreikönig, Ostersamstag und Silvester, das alles wirkt wie im Märchen. Die Zeit des Dreißigjährigen Krieges, in der die Geschichte spielt, bewirkt ebenfalls eine düstere Atmosphäre.

Richtig schreiben | 3.4.13 Satzbezogene Regeln kennen: Zeichensetzung

Zusatzmaterial

Klartext 7
Seite 256/257

Rückmeldebogen

Text von: _____

überarbeitet von: _____

Das hat uns gut gefallen	Zeile	Unsere Tipps	Zeile

Methoden und Arbeitstechniken | 3.2.1 Schreibprozesse selbstständig organisieren

Klartext 7
Seite 257

Zusatzmaterial

Fächer zum ESAU-Verfahren

1 Der Fächer soll dir helfen, bei der Überarbeitung von Texten nach den einzelnen Schritten des ESAU-Verfahrens vorzugehen.
   a) Schneide die Streifen an den gestrichelten Linien aus.
   b) Lege die Streifen in der unten angegebenen Reihenfolge übereinander (den ersten Streifen nach oben) und loche sie wie vorgegeben.
   c) Hefte die Streifen mit einer Klammer oder binde sie mit einem Band zusammen.

Texte überarbeiten mit dem ESAU-Verfahren

Einfügen
fehlende Wörter, Sätze, Gedanken, Abschnitte

Streichen
überflüssige Wörter, Wiederholungen, Sätze, Gedanken

Austauschen
unpassende Wörter (z. B. Umgangssprache, falsche Fremdwörter), Sätze, Gedanken

Umstellen 1, 2, 3 ...
Reihenfolge der Sätze, Wörter und Gedanken verändern, Sätze verschieben

Methoden und Arbeitstechniken | 3.2.1 Schreibprozesse selbstständig organisieren

127

Zusatzmaterial

Klartext 7

Gruppenbildung leicht gemacht

Auf dieser Seite sind 30 Kärtchen zum Thema „Für andere da sein" abgebildet. Sie ermöglichen es, vor Gruppenarbeiten eine zügige Einteilung der Klasse in bis zu fünf Gruppen mit bis zu sechs Schülern vorzunehmen. Dafür müssen die Kärtchen vorher auf eine Pappe geklebt und ausgeschnitten werden.

Zur Gruppenbildung werden die Kärtchen gut gemischt und verdeckt an die Schüler verteilt. Der Schüler mit einer grauen Karte (Oberbegriff) ist der Gruppenleiter. Bei ihm versammeln sich die Gruppenmitglieder mit den Karten, auf denen die entsprechenden Unterbegriffe stehen.

STREITSCHLICHTER	Prügelei	Gespräch
Streithähne	Konflikt	Beleidigung
SCHULSANITÄTER	Erste Hilfe	Verletzung
retten	Unfall	Verbandszeug
SPORTHELFER	Sportfest	Bewegte Pause
Schiedsrichter	Training	Sportgeräte
JUGENDFEUERWEHR	löschen	bergen
Schläuche	Brand	Fahrzeugkunde
NATURSCHUTZ-JUGEND	Krötenzaun	Müllsammeltag
Umweltschutz	Nistkästen	Bachpaten

Methoden und Arbeitstechniken | Gruppenbildung

Klartext 7

Lösungen zum Lehrerband

Unsere Klasse im Netz

Seite 22

1 B

2 A

3

Kontakte	Ja	Nein	Begründung
Fabian		x	Floor kennt Erik, der ein Freund von Fabian ist. Bei dem Treffen sind sie nicht allein.
Tim		x	Er ist so alt wie Floor und möchte sich mit ihr über Hobbys unterhalten.
Badman	x		Er fordert Floor zu einem Sexdate auf.
Model-agentur *Make It*		x	Die Firma scheint seriös zu sein, es gibt eine Website, auf der Floor sich informieren kann.

Seite 23

1 *Das lief gut:*
- Iwona, Viktoria und Xenia sprechen erst, als sie im inneren Kreis sitzen.
- Xenia erinnert an das Thema der Diskussion, als manche abschweifen.

Das sollte bei der nächsten Diskussion anders sein:
- Es darf keiner aus dem äußeren Kreis hineinrufen, wie Adrian und Michael dies tun.
- Man sollte nicht schon sprechen, wenn man noch auf dem Weg in den inneren Kreis ist, wie Serda.

So verhält sich die Moderatorin:
Aysegül als Moderatorin erteilt den Diskussionsteil-nehmern das Wort und unterbricht, wenn sich manche unfair verhalten, z. B. weist sie Adrian zurecht. In Zeile 25 ff. weicht sie aber vom Thema ab.

2 *sachliche, themenbezogene Diskussionsbeträge:*
Zeile 6 ff., 13, 17 f., 23 f., 28 ff., 32 f.
unsachliche, vom Thema abweichende Beiträge:
Zeile 9 f., 12, 22, 25 ff.
gesprächsfördernde Beiträge:
Zeile 19 f., 28 ff., 32 f.

Kummerkasten

Seite 24

1 a) Marc spielt gern und häufig das Computerspiel „World of Warcraft". Deswegen nerven seine El-tern; seine Freunde meckern. Nun fragt er uns, ob er wirklich zu viel Zeit vor dem Computer verbringt.

b) *Deshalb findet Marc sein Verhalten unproblema-tisch:*
Spaß an Computerspielen
keine Freude mehr am Fußballtraining
andere spielen noch viel mehr
man ist in der Freizeit beschäftigt
10 Mio. Menschen spielen das Spiel
in andere Welt abtauchen, vom Alltag abschalten

Das spricht gegen Marcs Verhalten:
zu wenig Bewegung
zu wenig frische Luft
schlechtere Leistungen und Konzentrationsfähigkeit in der Schule

Seite 25

4 a) *Für Marcs Standpunkt spricht:*
Schulung komplexer Denkprozesse – Umgang mit dem Computer wird geübt – bei Online-Spielen kann man Freunde finden – Verhalten in einer virtuellen Gemeinschaft wird geschult – Zusammengehörigkeit erleben – man kann sich seine Wunschidentität bauen – Strategie-training

Gegen Marcs Standpunkt spricht:
Vereinsamung – zunehmende Schwierigkeit, zwi-schen Wirklichkeit und virtueller Welt zu unter-scheiden – Suchtverhalten wird ausgelöst – Kontak-te sind einseitig und auf das Spiel beschränkt – Computerspiele können Gewaltbereitschaft erhö-hen – man wird abgestumpft in der Wahrnehmung der äußeren Welt – praktische Fähigkeiten werden kaum trainiert – man vernachlässigt die eigenen Pflichten (Hausaufgaben …)

6 b) Strategietraining → Viele der Aufgaben kann man nur lösen, indem man mit anderen Spielerfiguren kooperiert.
Computerspiele können Gewaltbereitschaft erhöhen → Ich habe vor Kurzem in der Zeitung gelesen, dass Killerspiele Aggressionen auslösen und gewalt-tätiges Verhalten fördern.
Vereinsamung → Freundschaften müssen gepflegt werden; wenn man die Freunde zu sehr vernachläs-sigt, steht man irgendwann alleine da.
Suchtverhalten wird ausgelöst → So ist mein Freund Jonas z. B. unkonzentriert, gereizt und un-wirsch, wenn er mal einen Tag nicht Computer spie-len darf.
Kontakte sind einseitig und auf das Spiel beschränkt → Die Spielergemeinschaft von „World of Warcraft" hat z. B. eine eigene Sprache entwickelt, die Nicht-Zocker kaum verstehen.

Seite 27

1 *mögliche Lösung:*
Liebe Franziska,
in deinem Leserbrief fragst du, ob du dem Marken-druck nachgeben sollst, um ganz zu deiner Clique zu gehören. Wir sind der Meinung, dass du dies auf keinen Fall tun sollst.
Denn Markenklamotten sind oft überteuert. Wie du vielleicht schon gehört hast, bezahlt man häufig nur den Namen der Marke, ohne dass die Qualität besser ist als bei einem No-Name-Produkt.
Außerdem werden Markenkleider nicht immer unter faireren Bedingungen produziert als No-Name-Produkte. So habe ich vor Kurzem in der Zeitung gele-

Lösungen zum Lehrerband

Klartext 7

sen, dass einige Markenfirmen ihre Kleider in Entwicklungsländern von Teenagern produzieren lassen. Bedenke schließlich auch, dass Markenklamotten deine Persönlichkeit nicht verändern können, auf die es doch eigentlich ankommt. Wenn du richtig cool drauf bist, wie z. B. meine Freundin Susanne, dann wirst du selbst von den Markenklamotten-Trägern anerkannt. Wenn du hingegen befürchtest, wegen fehlender Markenkleider ausgegrenzt zu werden, dann solltest du dir überlegen, ob deine Clique überhaupt etwas wert ist. Somit möchte ich dich ermutigen, nicht dem Markendruck deiner Clique nachzugeben. Lass dich nicht unterkriegen!
Viele Grüße

Seite 28
siehe Lösungen zum Schülerband

Seite 30
1 b) *mögliche Lösung:*

Liebe Carmen,
in deinem Brief schreibst du, dass du nicht mit deiner Familie in den Sommerurlaub fahren möchtest, weil dir dies wegen deiner Geschwister und der vielen Besichtigungen zu anstrengend ist. Uns bittest du nun um Rat, ob du alleine zu Hause bleiben sollst. Wir möchten dir jedoch zum Familienurlaub raten. Das Verreisen ins Ausland ermöglicht es dir, neue Erfahrungen zu sammeln. Du kannst z. B. die Kunst, die Lebensweise, die Sprache und das Essen eines anderen Landes kennenlernen.
Zudem bietet Euch der Sommerurlaub die Chance, Zeit gemeinsam zu verbringen. Ihr solltet wie meine Freundin Stefanie lustige Spiele mitnehmen.
Ein Sommerurlaub mit deinen Eltern ist schließlich auch sehr bequem für dich. Ihr könnt z. B. essen gehen, wohingegen du zu Hause selbst kochen müsstest. Natürlich kann ich verstehen, dass dir der intensive Kultururlaub deiner Eltern und das Gerangel deiner Geschwister zu anstrengend sind. Aber vielleicht könntet ihr ja Kompromisse aushandeln: An einem Tag macht ihr kulturelles Programm, am andern Tag faulenzt ihr am Strand oder geht wandern. Dann würde sich die Unzufriedenheit zwischen euch Geschwistern sicherlich legen.
Ich hoffe, dass du jetzt mehr Lust auf den Sommerurlaub mit deiner Familie bekommen hast und dich entschließen kannst, mit ihr zu verreisen.
Viele Grüße

Für andere da sein

Seite 32
siehe Lösungen zum Schülerband

Seite 33
2 a) Auswertung der Texte A – C siehe Lösungen zum Schülerband

Text D:
Tätigkeiten: Training, Brände zu löschen (Übungen)
Abzeichen: durch Prüfungen erhältlich, z. B. Deutsche Jugendleistungsspange; Prüfung umfasst: Schnelligkeit, Ausdauer, Teamwork, Kugelstoßen, Staffellauf, eine Einsatzübung sowie theoretische Fragen zu Allgemein- und Spezialwissen
Treffen: dienstags, 19 Uhr

Seite 34
siehe Lösungen zum Schülerband

Seite 35
1 *waagerecht:* Pfadfinder, Streitschlichter, NAJU, THW-Jugend, Sporthelfer, JUUS, Rettungsschwimmer
senkrecht: Jugendrotkreuz, Schulsanitäter, Rettungshundestaffel, Jugendfeuerwehr, Bergwacht

2 *Pfadfinder* = Sie treffen sich regelmäßig, erkunden die Natur, organisieren Projekte und engagieren sich sozial.
Streitschlichter = Sie sind dafür ausgebildet, einzugreifen, wenn in der Schule Streit entsteht.
NAJU = Die Jugendorganisation des NABU engagiert sich in Projekten zum Umwelt- und Naturschutz.
THW-Jugend = Sie bietet technische Hilfeleistungen und nimmt z. B. auch an Umweltschutzaktionen teil.
Sporthelfer = Sie leisten beim Sport Hilfestellung und planen Sportangebote (Pause, Aktionstag).
Rettungsschwimmer = Sie retten Menschen vor dem Ertrinken.
JUUS = Das Projekt bringt in unterschiedlichen Aktionen Sport und Umweltengagement zusammen.
Jugendrotkreuz = Die Mitglieder leisten Erste Hilfe.
Schulsanitäter = Sie leisten in der Schule Erste Hilfe.
Rettungshundestaffel = Sie spürt z. B. verschüttete Menschen auf.
Jugendfeuerwehr = Sie trainiert, wie man im Ernstfall Feuer löscht.
Bergwacht = Sie rettet Verunglückte im unwegsamen Gelände, z. B. im Gebirge.

Seite 37
1 B

2 A, B, D

3 „Hilfe – ich ertrinke immer noch!', ruft der 18-jährige Chris und fuchtelt mit den Armen." (Zeile 9 ff.) „Mir wird auch langsam kalt.' Chris stellt sich hin." (Zeile 11 f.) „Jetzt sieht man, dass das Wasser gar nicht tief ist. Es geht ihm nur bis zur Badehose." (Zeile 12 ff.)

4 1. von der Strömung erfasst werden
2. unterkühlt werden
3. einen Krampf im Bein bekommen

Seite 38
2 *mögliche Lösung:*
Die Pfadfinder
Jeder hat schon einmal von den Pfadfindern gehört. Aber was genau verbirgt sich hinter dieser Organisation? Die Pfadfinder entstanden aus einer Jungengruppe, mit

Klartext 7

Lösungen zum Lehrerband

der der englische Lord Baden-Powell 1907 ein Zeltlager abhielt. Er wollte die jungen Leute zu toleranten, verantwortungsbewussten und engagierten Bürgern erziehen. Noch heute gelten für die Pfadfinder die Grundsätze „Learning by doing" und „Allzeit bereit".
Zu den Pfadfindern gehören inzwischen über 38 Millionen Kinder und Jugendliche aus 216 Ländern. Je nach Alter sind sie in verschiedene Untergruppen eingeteilt: die Wölflinge (7 bis 11 Jahre), die Pfadfinder (11 bis 16 Jahre) und die Ranger und Rover (16 bis 25 Jahre). Alle drei Altersgruppen bilden an ihrem Ort jeweils einen sogenannten Stamm.
Die Pfadfinder erkunden die Natur, machen Musik, organisieren Fahrten und Lagerfreizeiten und vieles mehr. Die meisten Kinder und Jugendlichen treten ihnen bei, weil sie in ihrer Freizeit Spaß mit Gleichaltrigen haben wollen, wofür die Zeltlager mit Geländespielen bestens geeignet sind. Aber auch das soziale Engagement ist ein Grund dafür, bei der Organisation mitzumachen. Man bekommt in zahlreichen Projekten der Pfadfinder Gelegenheit dazu. Auch der Austausch mit Jugendlichen aus anderen Ländern, wenn die Pfadfinder z. B. Fahrten dorthin unternehmen, ist reizvoll.
Kindern und Jugendlichen, die gern mit einer Gruppe unterwegs sind und sich dort gut eingliedern können, ist der Beitritt zu den Pfadfindern zu empfehlen. Man kann dort viel lernen und hat jede Menge Spaß.

Eine Schulveranstaltung organisieren

Seite 41
5 siehe Lösungen zum Schülerband sowie Seite 60 im Schülerband

Seite 42
siehe Lösungen zum Schülerband

Seite 44
1

	Abschnitt
Nur Kinderkünstler!	C
Zirkus mit Thema	D
Kurz vor dem Auftritt	A
Jede Woche Training	F
Die Spannung steigt	B
Happy End	H
Akrobatik und Musik	E
Lob vom Direktor	I
Perfekte Show	G

2 a) Im „Circus Mignon" treten nur Kinder auf.
  b) Behinderte und nichtbehinderte Kinder treten im „Circus Mignon" gemeinsam auf.
3 *mögliche Lösung:*
  a) der „König der Narren" auf einem Einrad
  b) Artistinnen auf der „Schaukel" in der Luft
  c) Linas Auftritt mit dem Diabolo
  d) Stelzenläufer in fantastischen Kostümen

4 Der Satz „So unbescheiden darf man ruhig mal sein, wenn man beim ‚Circus Mignon' mitmacht" bedeutet, dass die Teilnehmer des Zirkusprojekts durch ihre wochenlangen Proben viel Einsatz erbracht haben und daher nun auf das gute Ergebnis ganz besonders stolz sein dürfen.

Seite 45
2 *mögliche Lösung:*

Tino Walfort   2. September 20…
Kalter Bach 13
42000 Düsseldorf
Supertino@düssel.de

An den Musikladen Schall
Herrn Markus Schall
Drostenweg 7
42000 Düsseldorf

Leihgeräte für Schulaufführung

Sehr geehrter Herr Schall,
wir sind gerade bei den letzten Vorbereitungen für unsere Aufführung am 12.09. um 16 Uhr in der Anne-Frank-Schule. Wie ich neulich in Ihrem Laden erfahren habe, verleihen Sie Musikanlagen. Daher möchten wir anfragen, ob wir bei Ihnen für die Aufführung eine solche ausleihen können. Außerdem benötigen wir acht Headsets und zwei zusätzliche Boxen, eine Nebelmaschine und eine Diskokugel. Es wäre nett, wenn Sie uns zudem erläutern könnten, wie die Headsets funktionieren.
Da wir für die Aufführung kaum Geld zur Verfügung haben, würde es uns sehr freuen, wenn Sie uns die Geräte kostenlos zur Verfügung stellen könnten. Wir würden Ihren Laden dann natürlich im Programmheft als unseren Sponsor erwähnen. Zu unseren Darbietungen gehören Jonglage, Jumpstyle, ein Balance-Act und Akrobatik.

Schon im Voraus bedanken wir uns herzlich und freuen uns auf Ihre Rückmeldung, ob es mit dem Ausleihen der Geräte klappt.

Mit freundlichen Grüßen

Tino Walfort
(im Auftrag der Bewegungstheater-AG der Anne-Frank-Schule)

Dem Täter auf der Spur

Seite 47
siehe Lösungen zum Schülerband

Seite 49
1 B
2 C

Lösungen zum Lehrerband

Klartext 7

3 B

4 C

5 01.04 Uhr – Ein Mann schleicht um das Haus.

01.15 Uhr – Der Mann hat ein Loch in die Scheibe geschnitten.

1.30 Uhr – Der Mann stößt einen Zinnkrug vom Regal.

2.30 Uhr – Herr Böckner ruft bei Herrn Sackmann an, um ihn über den Diebstahl zu informieren.

2.40 Uhr – Herr Sackmann erreicht die Galerie.

2.43 Uhr – Die Polizei trifft am Tatort ein.

6 B

7 Als Herr Böckner sich auf die Suche nach dem Einbrecher macht, ist es 1.30 Uhr. Erst eine Stunde später, um 2.30 Uhr, informiert er Herrn Sackmann über den Diebstahl. Er hatte also eine ganze Stunde lang Zeit, weitere Gegenstände zu stehlen und wegzuräumen.

Seite 50

1 *mögliche Lösung:*

Dienststellenbericht

Am Freitag, den 18. Mai, wurde im Polizeipräsidium um 12.00 Uhr ein Einbruch in der Villa der Familie Kroker in Senden gemeldet. Der Anruf kam von Frau Kroker, die sich zu diesem Zeitpunkt am Tatort befand. Als niemand im Haus war, da Herr Kroker auf Dienstreise war und sich die drei Kinder in Kindergarten und Schule sowie Frau Kroker beim Einkaufen befanden, drang der maskierte Täter von der Gartenseite aus in das Haus ein, indem er eine Fensterscheibe zerstörte. Dann verwüstete er das Wohnzimmer, öffnete den Safe über dem Sofa und entwendete daraus Geld und Wertgegenstände im Wert von 20 000 Euro. Seine Beute verstaute er in einem mitgebrachten Koffer. Der Einbrecher wurde jedoch vom Hund der Familie gestellt, welcher ihn ins Handgelenk biss. Aufgrund der Verletzung fiel dem Täter seine Pistole aus der Hand, ein Schuss ging in die Wand. Er flüchtete mitsamt dem Koffer in das Badezimmer im ersten Stock. Der Hund bewachte bellend die Tür, bis Frau Kroker nach Hause kam und die Polizei alarmierte. Mein Kollege und ich trafen kurz darauf am Tatort ein und konnten den Einbrecher festnehmen.

Für immer Freunde?

Seite 52

2 a) Britta steht auf dem Pausenhof regungslos am gleichen Platz. Wenn sie jemand anspricht, erwidert sie nur: „Lass mich in Ruh!"

b) Bert spürt, dass er bei seinen Versuchen, auf Britta zuzugehen, von den anderen beobachtet wird und dass sie sich hinter seinem Rücken über ihn lustig machen. Das verunsichert ihn.

c) Bert fühlt sich bei den anderen nicht wohl. Außerdem mag er Britta gern. Dies führt dazu, dass es ihm letztlich egal ist, was die anderen denken, und dass er daher zu Britta geht und sie sanft drückt.

Seite 53

2 a) Benjamin, Benjamins Vater

b) – Der Vater verbietet Benjamin, mit Josef zu spielen.

– Der Vater begründet das Spielverbot.

– Vater und Sohn sprechen darüber, wozu Freunde da sein sollten.

– Schlussfolgerung: Nicht Benjamin, sondern Josef lernt beim gemeinsamen Spielen etwas.

3 a) C

b) A, D, E

4 b) *Für Benjamin bedeutet Freundschaft:*

– interessante Dinge zusammen sehen (Z. 27–32)

– anderen helfen, für sie da sein (Z. 40/41)

Für seinen Vater bedeutet Freundschaft:

– von anderen lernen (Z. 17–21)

– zu anderen aufblicken, sich nach oben orientieren (Z. 33–38)

5 In der Erzählung „Freunde" von Gina Ruck-Pauquèt unterhalten sich ein Junge namens Benjamin und sein Vater miteinander. Dabei geht es um die Frage, ob Benjamin mit dem geistig behinderten Josef befreundet sein soll oder nicht. Der Vater verbietet Benjamin, mit Josef zu spielen, da er von ihm nichts lernen könne. Benjamin jedoch wendet ein, dass er mit Josef viele interessante Dinge unternehmen kann, weil dieser besondere Fähigkeiten habe. Außerdem kommt Benjamin zu dem Schluss, dass Josef ja etwas von ihm lernen könne und daher die Freundschaft für ihn ein Gewinn sei.

6 C

Seite 54

siehe Lösungen zum Schülerband

Seite 55

1 a) C

b) „In der Pause aber dachte sie, wozu? Sie ist doch meine beste Freundin. Also erzählte sie Lina vom Museum im Bauwagen, wie Nora, Tarik und Can es dort eingerichtet hatten." (Z. 9–13)

3 *So könnte Steffi erreichen, dass Lina ein Bandenmitglied wird:*

– Sie erzählt den drei anderen, dass Lina ihre beste Freundin und sehr nett ist.

– Sie schlägt vor, dass man sich bei gutem Wetter auch draußen vor dem Bauwagen treffen kann, wo alle Platz haben.

– Sie stellt die anderen drei vor die Bedingung, dass sie nur mitmacht, wenn Lina auch dabei ist.

Das könnte Lina dafür tun:

– Sie stellt sich den anderen vor und bittet darum, mitmachen zu dürfen.

– Sie verspricht, dass sie niemandem von dem Geheimnis erzählen wird.

– Sie bietet an, etwas Tolles zum Museum beizusteuern.

Klartext 7

Lösungen zum Lehrerband

Seite 57

2 **a)** In dem Text „Das Mädchen, das keinen Ball fing" von Roberto Piumini geht es um das Mädchen Lela, das nicht in der Lage ist, etwas zu fangen, bis seine Freundin Patty ihm durch eine List hilft, diese Schwäche zu überwinden.

b) Lela kann einfach keinen Ball fangen. Da schenkt ihr ihre beste Freundin Patty zum Geburtstag eine Glaskugel, aus der Lela in mühevoller Arbeit einen Globus macht, indem sie Länder und Meere aufmalt. Als Lela Patty den Globus zeigt, nimmt Patty ihn in die Hand und kündigt an, ihn Lela zuzuwerfen. Diese gerät in Panik, schafft es aber, den Globus zu fangen. So heilt Patty Lela von ihrer Schwäche.

c) A: Die Freundschaft zwischen Lela und Patty ist sehr eng und vertrauensvoll. Sie kümmern sich umeinander und überlegen, wie sie dem anderen helfen können, wenn dieser einmal schwach ist und Unterstützung braucht.

B: Mithilfe des Globus kann Lela ihre Angst vor dem Fangen überwinden. Er ist ihr sehr wichtig, weil sie sich so viel Mühe gemacht hat, ihn zu gestalten. Lelas Furcht, dass er zerbrechen könnte, ist größer als ihre Angst vor dem Fangen. In ihrer Aufregung denkt sie nicht nach und fängt den Globus.

Willkommen im Camp

Seite 59

siehe Lösungen zum Schülerband

Seite 60

1 1. langen Ast am hinteren Ende mit Stein beschweren, sodass er schräg nach oben zeigt
6. auf der Windseite eine Öffnung lassen und Zweige dort anzünden
4. Topf mit Henkel über vorderes Astende hängen
7. wenn Zweige brennen, dickeres Holz nachlegen
5. einige dünne Zweige wie ein Zelt aufschichten
2. kurze, dicke Astgabel in Boden rammen
3. kurzen, starken Ast quer über Astgabel legen

2 *zuerst* langen Ast am hinteren Ende mit Stein beschweren, sodass er schräg nach oben zeigt
zunächst auf der Windseite eine Öffnung lassen und Zweige dort anzünden
nun Topf mit Henkel über vorderes Astende hängen
zum Schluss, wenn Zweige brennen, dickeres Holz nachlegen
als Nächstes einige dünne Zweige wie ein Zelt aufschichten
dann kurze, dicke Astgabel in Boden rammen
schließlich kurzen, starken Ast quer über Astgabel legen

3 Materialliste: langer Ast – Stein – kurze, dicke Astgabel – kurzer, starker Ast – Topf mit Henkel – dünne Zweige – dickere Äste – Streichhölzer oder Feuerzeug

4 *mögliche Lösung:*
Eine Kochstelle bauen
Materialliste:
langer Ast – Stein – kurze, dicke Astgabel – kurzer, starker Ast – Topf mit Henkel – dünne Zweige – dickere Äste – Streichhölzer oder Feuerzeug
Arbeitsschritte:
Zuerst wird ein langer Ast am hinteren Ende mit einem Stein beschwert, sodass er schräg nach oben zeigt. Dann wird eine kurze, dicke Astgabel in den Boden gerammt. Schließlich legt man einen kurzen, starken Ast quer über die Astgabel. Nun kann man den Topf mit dem Henkel über das vordere Astende hängen. Unter dem Topf werden als Nächstes einige dünne Zweige wie ein Zelt aufgeschichtet. Zunächst lässt man dabei an der Windseite eine Öffnung und zündet die Zweige dort an. Zum Schluss, wenn die Zweige brennen, legt man dickeres Holz nach.
Den Bau einer solchen Kochstelle zu beherrschen, ist wichtig, wenn man mehrere Tage im Wald unterwegs ist und sich mit Essen versorgen muss.

Seite 62

1 A

2 Material: Magnesiumstab, Nadel, dürre Reisigzweige, Strohhalme, trockenes Moos, Papier, dickere Zweige
1. Brennmaterial aus Strohhalmen, trockenem Moos und Papierschnipseln bereitlegen
2. dürre Zweige über das Brennmaterial schichten
3. Mit der Nadel am Magnesiumstab reiben, bis die entstehenden Funken das Brennmaterial entzünden.
4. Papier nachlegen
5. Wenn das Feuer brennt, dickere Zweige nachlegen.

3 Christoph ist stolz auf sich, weil er es ganz ohne Alexanders Hilfe geschafft hat, Feuer zu machen. Außerdem ist er stolz, weil er auf Schlafsack und Hängematte verzichtet, da es dem verletzten Alexander schlechter geht als ihm.

Seite 63

2 *mögliche Lösung:*
Einen Kompass bauen
Materialliste:
1 größere Nähnadel, 1 Flaschendeckel, 1 stabförmiger Magnet, 1 Blatt Papier, Stift, Schere, Klebstoff
Arbeitsschritte:
Zuerst legt man den Flaschendeckel auf das Papier und umkreist den Umriss mit dem Stift. Danach schneidet man den Kreis aus. Als Nächstes zeichnet man die vier Himmelsrichtungen auf den Kreis und klebt dann den Papierkreis auf die offene Seite des Flaschendeckels. Nun streicht man mit dem Stabmagneten über die Nadel vom einen Ende zum anderen. Anschließend legt man die Nadel auf die Himmelsrichtungen des Flaschendeckels. Die Spitze der Nadel muss nach Norden

133

Lösungen zum Lehrerband

Klartext 7

ausgerichtet werden. Zum Schluss wird die Nadel mit Klebstoff auf das Papier geklebt.

Der Kompass kann hilfreich sein, wenn man in unwegsamem Gelände z. B. eine Wegbeschreibung hat, die einem sagt, wie viele Meter man in eine bestimmte Himmelsrichtung laufen soll.

Von den Mächten der Natur

Seite 65
8 b) B
9 b) C

Seite 69
1 Bild 3: Z. 25–38: Um elf Uhr nachts strömender Regen. Familie wird von Unbekanntem gewarnt, Haus zu verlassen.

Bild 4: Z. 39–50: Wasser dringt von unten ins Haus ein.

Bild 5: Z. 51–58: Familie packt hektisch ein paar Sachen zusammen.

Bild 6: Z. 59–64: Wasser kommt in großem Schwall ins Haus geschossen.

Bild 7: Z. 65–69: Erzähler wird gepackt, Familie verlässt hektisch das Haus.

Bild 8: Z. 70–81: Alle kämpfen gegen das Wasser, das Haus ist schon weggespült.

Bild 9: Z. 82–89: Am nächsten Morgen blickt der Erzähler auf das Tal, in dem immer noch Wasser strömt. Er sieht Trümmer im Strudel.

Bild 10: Z. 90–102: Familie sucht schlammiges Trümmerfeld auf.

Bild 11: Z. 103–109: Mutter und kleiner Bruder sind bei der Katastrophe ums Leben gekommen. Kätzchen taucht wieder auf.

Seite 71
siehe Lösungen zum Schülerband

Seite 73
1 c) *mögliche Lösung:*
Liebe Marlene,
ich habe dir lange nicht mehr geschrieben. Doch heute habe ich etwas erlebt, wovon ich dir unbedingt erzählen muss.
Du kennst doch den alten Lotsen, meinen Freund. Mit dem stand ich an der Hafenmauer, es war sehr stürmisch. Plötzlich sahen wir draußen auf dem Meer ein Segelschiff, das direkt auf die Felsen an der Küste zusteuerte. Wir bekamen einen riesigen Schreck, denn uns war klar, dass das Schiff an den Felsen zerschellen würde, falls es es nicht schaffen sollte, den Kurs zu ändern. Mein Freund wollte sofort aufs Meer fahren, um die Besatzung zu retten. Aber ich hatte Angst um ihn und dachte mir: „Er wird in diesem Unwetter umkommen, dann ist niemandem geholfen." Doch er bestand darauf, etwas zu tun; sein altes Leben sei es wert, für viele junge

geopfert zu werden, sagte er. Da sprang er schon auf sein Boot und stach in See. Atemlos beobachtete ich das Geschehen vom Ufer aus. Gerade konnte ich noch hören, wie mein Freund mit dem Sprachrohr „Links müsst ihr steuern!" in Richtung des Segelschiffs schrie, dann plötzlich – was für eine Katastrophe! – kippte sein Boot um und er stürzte in die stürmischen Wogen. Für ihn kam jede Hilfe zu spät, doch das Segelschiff steuerte sicher an den Felsen vorbei. Ich kann es noch gar nicht fassen. Der alte Lotse hat sein Leben geopfert, um andere zu retten. Ich bin unendlich traurig und doch auf stolz auf ihn.
Herzliche Grüße
Dein Christian

Krabat – vom Buch zum Film

Seite 77
1 – Krabat hat übernatürliche Zauberkräfte.
– Konkrete Orte wie Wittichenau und Schwarzkollm kommen vor.
– Die Krabatfigur geht auf die reale Person des Reiterobristen Johann Schadowitz zurück.

2

	Krabat in der sorbischen Sage	Krabat von Otfried Preußler
Person	Zaubermeister; die Figur geht auf den kroatischen Reiterobristen Johann Schadowitz zurück	Junge (14 Jahre), der durch einen Traum in die Lehre zu einem unheimlichen Müller gerät, der ihn die schwarze Magie lehrt
Eigenschaften	hilfsbereit, steht auf der Seite der Armen, verfügt über Zauberkünste	neugierig, kameradschaftlich, gutmütig, mutig, verliebt …
Wirken	macht Land fruchtbar, bringt Regen, legt Sümpfe trocken, spielt reichen Viehhändlern Streiche, verwandelt sich in Ochse, reitet in der Luft	lernt Zauberkünste und gerät in den Bann des Müllers; durch seine Befreiung mithilfe von Juro und Kantorka verhilft er am Ende auch allen anderen Müllerburschen zur Flucht
Orte	Wittichenau, Schwarzkollm, Gut Groß Särchen bei Hoyerswerda	Wittichenau, Schwarzkollm, Gut Groß Särchen bei Hoyerswerda
Zeit	30-jähriger Krieg	bleibt offen

„Und noch zehn Minuten bis Buffalo"

Seite 84
1 siehe Schülerband Seite 169–177
2 C

134

Klartext 7   **Lösungen zum Lehrerband**

Sprache betrachten

Seite 85

1 **Kai und Aishe**

                                      Kai Aishe
Aishe und Nadja saßen zwei Reihen hinter ihm. Sie
                 von Kai   Kai
war noch nicht lange in seiner Klasse, aber er meinte,
Aishe
sie schon lange zu kennen. Wann immer es möglich
               Kai   Aishe
war, versuchte er, einen Blick von ihr zu erhaschen.
Aber das war gar nicht so einfach. Denn entweder war
Aishe von Aishe   Kai
sie in ihr Buch vertieft oder Herr Hein ermahnte ihn
zum x-ten Mal, sich auf das Buch zu konzentrieren.
               Kai von Kai
Außerdem nervte ihn sein Nachbar Özmir. Immer zog
Özmir von Özmir   Kai und Özmir
er seinen Atlas weg, in den sie gemeinsam schauen
mussten.

2 Während Özmir und Kai aus der Klimakarte herauslesen mussten, wann es in Stockholm am wärmsten ist,
               Er   er
machte sich Kai einen Plan. Kai überlegte, dass Kai
heute bei der Rückfahrt im Bus sich neben Aishe setzen
          Ihr Bus
wollte. Der Bus von Aishe fuhr zwar in eine ganz
andere Richtung, aber darüber machte sich Kai keine
       Er   sie
Gedanken. Kai hatte sich überlegt, Aishe am Nachmittag zu einem Eis einzuladen. Dazu reichte das Taschen-
               von ihm/oder: sein
geld von Kai gerade noch aus. Bestimmt würde Aishe
               von ihm/oder: seine
die Einladung von Kai annehmen. Nach Schulschluss
folgte Kai Aishe ganz unauffällig zur Bushaltestelle …

Seite 86
siehe Lösungen zum Schülerband

Seite 87

1 **a)** + **b)** Nachdem „Die sechs XXL" ihre Übung abgeschlossen haben, jonglierst du mit deinem Diabolo
vorne am Rand der Bühne.
c) Perfekt
d) Du gehst aber erst nach vorne, wenn du von mir ein
Zeichen bekommen hast!
e) In der Gegenwart verwendest du für ein Ereignis,
das zeitlich vorausgeht, das Prädikat im *Perfekt*.

2 **a)** A Ich verhielt mich so, wie es die Lehrerin gesagt
hatte.
B Nachdem ich von ihr ein Zeichen bekommen
hatte, ging ich nach vorne auf die Bühne.
C Als ich am Bühnenrand angekommen war, brachte ich mein Diabolo mit dem Seil in Fahrt.

b) In der Vergangenheit verwendest du für ein Ereignis, das zeitlich vorausgeht, das Prädikat im *Plusquamperfekt*.
Diese Zeitform wird mit *sein* oder *haben* und dem
Partizip Perfekt des Verbs gebildet: *Ich war gekommen, du hattest gelacht.*

Seite 88 – 94
siehe Lösungen zum Schülerband

Seite 95

2 **a)** siehe Lösungen zum Schülerband
b) hoffte auf einen Sieg – interessierte sich für das
Würfelspiel – überredeten zu einem Glücksspiel –
suchte nach einer Mitfahrgelegenheit – zweifelte an
seinem Sieg – litt unter Durst und Hunger – wunderten sich über ihn
c) Wo fand die Olympiade 1904 statt? in St. Louis in
Amerika = Adverbiale Bestimmung des Ortes
d) per Anhalter (Zeile 5): Wie fuhr er weiter? per
Anhalter = Adverbiale Bestimmung der Art und
Weise
am Start (Zeile 6/7): Wo trug er schwere Schuhe
…? am Start = Adverbiale Bestimmung des Ortes

Seite 96
siehe Lösungen zum Schülerband

Seite 99

1 er schlägt, er schlug, er hat geschlagen, er hatte geschlagen, er wird schlagen
wir schweigen, wir schwiegen, wir haben geschwiegen,
wir hatten geschwiegen, wir werden schweigen
es geschieht, es geschah, es ist geschehen, es war geschehen, es wird geschehen
du empfiehlst, du empfahlst, du hast empfohlen, wir
hatten empfohlen, wir werden empfehlen
ihr schwört, ihr schwurt, ihr habt geschworen, ihr hattet
geschworen, ihr werdet schwören
sie schreit, sie schrie, sie hat geschrien, sie hatte geschrien, sie wird schreien
er wirbt, er warb, er hat geworben, er hatte geworben,
er wird werben
es misslingt, es misslang, es ist misslungen, es war
misslungen, es wird misslingen
wir vergessen, wir vergaßen, wir haben vergessen, wir
hatten vergessen, wir werden vergessen
er genießt, er genoss, er hat genossen, er hatte genossen, er wird genießen
wir braten, wir brieten, wir haben gebraten, wir hatten
gebraten, wir werden braten
sie streitet, sie stritt, sie hat gestritten, sie hatte gestritten, sie wird streiten
ihr kommt, ihr kamt, ihr seid gekommen, ihr wart
gekommen, ihr werdet kommen
ich leide, ich litt, ich habe gelitten, ich hatte gelitten,
ich werde leiden

135

Lösungen zum Lehrerband

Klartext 7

Seite 100

1 Vorbereitungen für unsere Aufführung

1. Endlich <u>hatten</u> wir den Termin für die Aufführung unserer Bewegungstheater-AG <u>festgelegt</u> und <u>konnten</u> jetzt die Aula bei der Stadtverwaltung dafür reservieren.
2. Nachdem wir an die Stadtverwaltung einen Brief <u>geschrieben hatten</u>, <u>erhielten</u> wir kurze Zeit später leider eine Absage.
3. Wir <u>mussten</u> uns einen anderen Termin ausdenken, da unsere Nachbarschule schon vorher die Aula für den gleichen Termin <u>gebucht hatte</u>.
4. Wir <u>schlugen</u> in einem zweiten Brief einen Termin eine Woche später vor, nachdem wir uns zusammen mit unseren Lehrern darüber <u>beraten hatten</u>.
5. Da unser erster Brief nicht erfolgreich <u>gewesen war</u>, <u>warteten</u> wir gespannt auf die zweite Antwort.
6. Nachdem wir endlich diesen Termin <u>vereinbart hatten</u>, <u>konnten</u> wir jetzt auch die Presse benachrichtigen.
7. Bevor wir die Zeitung von dieser Veranstaltung schriftlich <u>informierten</u>, <u>hatte</u> Alex in einem Telefongespräch mit der Zeitung den Namen des Lokalredakteurs <u>herausgefunden</u>.
8. Nachdem Alex telefonisch dem Redakteur die Art der Veranstaltung genauer <u>beschrieben hatte</u>, <u>versprach</u> dieser zu kommen.
9. Da Alex bisher noch nie so ein Telefongespräch <u>geführt hatte</u>, <u>stöhnte</u> er nach dem Gespräch ziemlich.
10. Wir <u>schickten</u> dann noch zur Sicherheit eine E-Mail, obwohl Alex den Termin eigentlich schon <u>festgemacht hatte</u>.

Seite 101

1 Wozu brauchen wir Nistkästen?

1. Der Lebensraum der Vögel wird durch den (vom) Menschen verändert.
2. Büsche und Hecken werden von Menschen vernichtet.
3. Buschwerk wird von Vögeln zum Brüten benötigt.
4. Die Brutraumnot der Vögel wird durch Nistkästen gemildert.
5. Die Nistkästen werden von den Vögeln gerne angenommen.
6. Die Nistkästen werden von uns nach der Brutzeit gereinigt.

2 Passiv oder Futur?

Passiv: Sätze 1., 2., 4., 5., 8., 10.
Futur: Sätze 3., 6., 7., 9.

Richtig schreiben

Seite 110

2 *b, d, g* im Auslaut: R3, R13, R19
Schreibung von *ä/äu*: R9, R14, R17, R18
Doppelkonsonanten (*ll, mm, ..., ck, tz*): R4, R15
s-Schreibung (*s, ss, ß*): R8, R21, R25
Großschreibung: R6, R11, R16, R24
Lernwörter, Fremdwörter: R20

Wörter mit Dehnungszeichen (*h, ie*): R2, R5, R7, R10, R23
Zeichensetzung: Z1, Z12, Z22
→ Die Fehlerquelle „Wörter mit Dehnungszeichen" ist am häufigsten vertreten.

3 Komma nach *Menschen* – unternehmen – Urlaub – kommt – viel – Zeit – mehr – Spaß – wenden – ihnen – Angelegenheiten – Komma nach *mehr* – Freund – lässt – gestellt – Dinge – unbequem – läuft – wird – Phasen – schließlich – Komma nach *fragen* – ehrliche – Leben – verlassen

Seite 111

2 Doppelkonsonanten (*ll, mm, ..., ck, tz*): R7, R9
s-Schreibung (*s, ss, ß*): R6, R10, R25, R29
Getrennt- und Zusammenschreibung: R18, R27
Großschreibung: R1, R3, R4, R5, R8, R15, R16, R22, R23, R24
Lernwörter, Fremdwörter: R19, R20, R21, R30
Wörter mit Dehnungszeichen (*h, ie*):
Zeichensetzung: Z2, Z11, Z12, Z13, Z17, Z28
das Wort *dass*: R14, R26
→ Die Fehlerquelle „Großschreibung" ist am häufigsten vertreten.

3 schönsten – Komma vor *können* – alle – Sportart – Ausgleich – Fußball – Wettkampf – feuern … an – Mannschaft – Fußball – Komma nach *Fußball* – Komma nach *Handball* – dass – Komma vor *dass* – schön – Entscheidung – Komma nach *gestellt* – viermal – Training – Hallenkapazitäten – Trainer – Unterschied – Treffen – Mitspielen – Entschluss – dass – Badmintonspielen – Komma nach *verlieren* – Spaßgruppe – existieren

Seite 113

2 flexibel, hyperaktiv, Moral, Reduzierung

3 *identisch:* Wenn zwei Dinge identisch sind, sind sie genau gleich.
Ritual: Ein Ritual ist eine Handlung, die nach festgelegten Regeln abläuft und zu bestimmten Gelegenheiten wiederholt wird.
Talent: Wenn jemand Talent für eine bestimmte Tätigkeit hat, ist er darin besonders begabt und gut.
Aufmerksamkeits-Defizitsyndrom: psychische Störung, der Betroffene hat Probleme mit der Aufmerksamkeit und ist sehr impulsiv und aktiv.

4 1. profitieren
2. ideal
3. exzellent
4. Detail
5. Medikament

Seite 119

1 *Nomen, die eine Zeit angeben:* im Laufe der <u>W</u>oche, am Montagmo<u>r</u>gen, eines Na<u>ch</u>ts, gegen Nachmittag, am späten Ab<u>en</u>d
Adverbien und Zahlen, die eine Zeit angeben: <u>n</u>achmittags, gestern, mo<u>n</u>tags, um halb <u>d</u>rei, morgens
Lösungswort: Wochenende